suncolor

靈界的譯者

從學生靈媒到棒球女主審的通靈之路

索非亞　著

suncolor
三采文化

致女兒——在叢林中創造自我成長空間

作者父親　劉仁和

當接到出版社來函邀我為妳的新書寫序時，妳正隨中華小將赴美參加世界少棒錦標賽，當下感到十分惶恐，從未接到如此重大任務，因此，晚上在腦海中，不斷浮現出妳的成長過程：「松高樂隊——國父紀念館」、「馬來西亞」、「伊斯蘭」、「空手道黑帶」、「棒協女主審」、「台北大學」、「社工」、「善牧基金會」、「馥記地產」、「澳洲旅遊」、「研究所」、「德國遊學」……試圖把上列「功績」串連起來，結果不知不覺回想完已深夜十一點多。記得妳在國中時，曾經要我在紀念冊上寫字，我毫不猶豫就寫下：「妳的成就（功），就是我的驕傲。」很高興妳做到了，而且還不斷上進及創新。感謝安拉！

在出版的稿件中，瞭解妳自童年起，我因為職業的關係，長年在外工作，幾乎無法常陪在妳身旁，只有在妳讀高中的三年中，每天早晚接送妳上下學，是我倆相處最密切的時段。在高中時期，我常要妳參加校外補習，但是妳一直說沒必要；畢業報考大學聯招，我要妳多填一些學校，例如商業科系，後來才知道妳只填到國立大學，並排除北市以外的國立大學；在台北大學就學期間，假日妳常邀約住校同學到家裡用餐，因為妳看到住校同學，為了上學還要打工，三餐在外隨便吃。

這些行為都令我感到十分欣慰，妳有如此胸襟，樂於助人，關懷弱勢。每逢年節，妳帶領同學到市場賣花，以幫同學賺取學費。記得有一次在士林夜市與地頭蛇因收取攤位規費而爭論，事後妳才瞭解，原來社會中還有這些規矩存在。

十分慶幸在妳成長過程，有一些愛護妳的長輩、朋友，還有妳堅強的信念，因此在妳出書之時，勉勵妳「在叢林中創造自我成長空間」。更希望全家人，在安拉引導之下平平安安度過。感謝安拉！

推薦序

覺醒的勇氣

政大中文系教授　丁敏

本書作者天生具有可以看得見、聽得到鬼界訊息的靈媒特質，這使她經歷了不同於一般人的成長歷程。童年時期分不清鬼界與人界的陰陽區隔，但稚嫩靈敏的心靈，非但沒有得到充分的理解與照撫，反而在懵懂青澀的少年十五、二十時，就被簇擁登上「靈媒」舞臺，擔任為成人世界指點迷津的靈界代言人角色，讀此書時，心中浮起的感受首先是心疼與不忍，更感到成人世界的某種荒謬與突梯滑稽。

蘇軾有詩云：「梨花淡白柳深青，柳絮飛時花滿城；惆悵東南一枝雪，人生看得幾清明」。此書是作者脫離靈媒生涯，回首審視靈媒歲月，身處神鬼如柳絮紛飛的迷障世界中，載沉載浮的種種前塵往事；並細說其如何因著大學教育的洗禮啟沃、良師益友的扶持引導，漸漸澡雪精神而穿越迷障，看得清明。最終在皈依伊斯蘭教中找到平安：在個人的努力與貴人的提攜，擔任棒球比賽的主審職位，並得到棒球護具製造大商允諾長期的資助。這一切作者雖是用輕鬆詼諧的筆調來敘述，讓人讀之時時莞爾一笑，但卻能體會其中的辛酸苦痛；更能感受到作者從小到大，無論經歷多少風風雨雨，都能保有真誠的赤子之心，這應是作者得以認清真相，遇諸善緣，破繭而出的自信光明吧！

作者在書中為我們逐步拉開靈媒生活世界的神秘面紗，讓我們看到鬼道眾生雖有鬼通，但法力有限，且是比人間更辛酸徬徨的世界，鬼界眾生常為了覓食與棲居問題而惶惶奔走；而諸鬼聚集在宮廟，回答信眾的各種疑難困事，無非就是為了有吃有住；能力不高預言不準的鬼，牌位就會被拆除丟掉，趕出去當流浪鬼。此外，宮廟中人鬼結黨交通，所上演的派系鬥爭，其中充滿正邪黑白的對抗衝突，主其事者聽信讒言，黑風炙烈爭權奪利，瞞天背理妖言蠱眾；白派道消，甚至波及其派鬼眾亦被殲滅殆盡。這些鬼影幢幢令人匪夷所思的劇碼，其背後所突顯的真正意涵應是：若不自淨其心，能夠通神通鬼，徒然只是陷入人鬼加倍糾葛的貪瞋癡中，捲入更巨大纏縛的業力網脈，這樣的「通」，無論是鬼通人或人通鬼，對於生命有何意義呢？且就佛法的角度來看，鬼界不是救渡眾生的靈界，反而是需要被救超渡的界域：然而芸芸眾生總是不問自心、問鬼神，把生命的自主權交給鬼神；這也是作者覺醒之後，勇敢地寫出靈媒生涯的鑒照之歌吧！

如今作者不但看到了窗外的藍天，也找到了自己的天空，在和著淚光與微笑中讀完此書，祝福作者的心燈，能點亮仍沉陷在神鬼世界暗昧的心靈。

推薦序

樂觀進取的靈界翻譯者

二〇〇九世運空手道中華代表隊總教練　黃智勇

看到如此不一樣的人生際遇，真是大開眼界，陰間與陽界，我們無法想像具有通靈能力的人，來為我們訴說她所碰到的「鬼」故事，一位有這種不可思議經歷的女孩，也算是個傳奇了。台灣民間信仰大部分是所謂的道教，因此大多數人尚沿襲傳統信仰，供奉祖先神明、到廟裡拜拜、燒紙錢並相信算命、風水、道士、法師、乩童等，乩童也是靈媒，也就是作者所謂的靈界翻譯者。人們只要遇到挫折、事業愛情不順或生病等，就會到廟或神壇去求神拜拜，現實生活中，我們面臨很多的變數，很多的不安全感，從古至今都一樣，每個人都希望知道自己的命、運氣、財運、婚姻、事業等，因此就會去廟裡燒香求神問卜或問算命師及乩童靈媒。

索非亞與生俱來的陰陽眼，能看到我們看不到的二度空間，由其風趣坦承的文筆也的確讓我們見識到未知的靈界、鬼的神祕面；台灣的社會到處有神壇、藏在其中不乏一些惡質的神棍，騙財、騙色的新聞時有所聞，看完她對靈界的經歷一定會有所醒悟，不要再沉迷相信這些靈媒乩童會為你改運及趨吉避凶甚或財迷心竅地去求明牌。燒紙錢也是我們民間一項很特別的習俗，即使已經進入廿一世紀的文明社會，到現在還是充斥這種習俗，作者以自己的所見告訴讀者，也希望這些錯誤的觀念能去除；和我們一起生活在同一時空的鬼常向我們要供品、紙錢或超度，這實在是有夠離譜，也是人們自己內心的作祟不安，俗話說：「舉頭三尺有神明」，為什麼心裡會不安？為什麼需要去跟鬼打交道？因為說謊、做虧心事，台灣有句俗語「人在做，天在看」，只要行得正，不怕半夜鬼敲門。

索非亞可愛的一面，就是在本書中心直口快地把自己成長過程所遭遇到的種種，毫無保留地分享給讀者，也希望自己體悟出來的正確觀念，可以給予迷信尋找人生未知答案的人，一個借鏡及一個方向。

索非亞是位很特別、很異於常人的女孩，聰明又敢於嘗試，現實生活感情豐富有顆愛人如己的心，多才多藝，生活周遭充滿別人所無法想像的神祕，處於和常人不一樣的生活環境，她有自己的生活態度，面對生活的逆境一樣勇往直前，人生的轉折更是多采多姿，在人生低潮時能有機會和佛教大師邂逅，也很奇妙地成為穆斯林，對於自己生活的追求更是不貧乏，喜歡音樂、二胡、平劇，運動則有對棒球的熱愛與執著，一位小女生能在棒球場上執法當主審，這是台灣傳奇，也是她個人努力奮鬥的成果。

推薦序

令人大開眼界的傳記

知名小說作家　黃河

讀完《靈界的譯者》，我不得不深深地發出心中的兩大感慨：

一、在所有我瞭解的人物之中，管他是親身碰到或耳朵聽到，絕對沒有一個人的人生比本書作者——索非亞——更為「精采」。

二、在所有我閱讀過的書籍之中，管他是小說或傳記，都沒有一本書比《靈界的譯者》更令我「大開眼界」。

的確是「精采」，並且「大開眼界」。

不必羨慕，「精采」不見得是好事，許多時候根本是血淚的經驗，讀起來令人不免鼻酸。

至於「大開眼界」，我只能說，假如我不知道誰是索非亞，對《靈界的譯者》評價，恐怕我會用本書第一標題的前四個字——鬼話連篇——來形容。

誰是索非亞？

曾經是國立大學社工系的學生、讀過宗教研究所、精通數國語言、擔任國際棒球隊與中華隊的翻譯，以及，前往美國接受裁判學校的專業訓練，短期內會成為國內第一位專業的「女性」棒球裁判——如此出身，竟然依據自己的親身體驗，寫了本自傳式的《靈界的譯者》！

什麼是靈界的譯者？

簡單地說，就是她能夠看見鬼神，也能夠和鬼神溝通。

我相信嗎？

我相信世間有神；而我也相信，不管是上帝、安拉、釋迦牟尼、玉皇大帝……或任何神祇，只是人們賦予祂的名字不同。

這世間只有唯一的神，祂就是掌控大自然的那個神奇的力量。

再簡單地講，大自然的力量就是神。

越是瞭解宇宙，越是發現人類的渺小，也越感覺世間有一股巨大的力量在主宰著萬事萬物。

這個巨大的力量，就是神。

我更相信，這個神是一個偉大、無私、至高無上又唯一的真神，祂從不在乎子民們唸不唸經、進不進教堂、膜不膜拜、捐不捐錢。

會在乎這些事情的，全是人。

因為人是虛榮的、貪婪的、自私的……他們必須假借神的名義達成自己的私慾。

不要拿人的心態去揣測神喜歡什麼、想要什麼。

我心中的那個偉大的神，既然創造了我們，又放我們到這個世界，無非是希望我們「做好自己的工作、扮演好自己的角色」。

只要做好自己的工作、扮演好自己的角色，凡事都不必問鬼神，人生一樣幸福快樂。

推薦序

通靈者的「視見」

輔仁大學宗教學系助理教授　蔡怡佳

幾年前我在美國唸宗教研究，博士班資格考結束，坐飛機回台灣收集論文資料的途中，看到The Sixth Sense（中譯《靈異第六感》）這部電影。剛睡醒的我錯過電影的開頭，穿越座位前排重重人頭所看到的螢幕上正搬演著布魯斯威利所飾演的心理醫生與小男孩之間一場場的對手戲。我一向不敢看「鬼片」，但卻逐漸為片中壓抑、詭譎而又哀傷的氣氛吸引。片中的小男孩為自己能夠「看見」的景象（也就是「見鬼」）所苦，而心理醫師如同一般人，看不見小男孩能夠看見的世界，面臨著要如何看待小男孩之「視見」（seeing the invisible）的問題。另一方面，心理醫師也正經歷著個人的婚姻危機（becoming invisible）：妻子的冷淡與彷彿出軌的行徑，深深困擾著他。小男孩為冤死鬼魂所糾纏的恐懼，在心理醫師的接納與陪伴之下，逐漸化解。就在小男孩終於接受自己擁有陰陽眼的事實，並學習與鬼魂共處之時，心理醫師也發現了一個關於自身的驚人祕密，原來自己早已被一位與小男孩承受同樣困擾的青少年案主槍殺身亡，成為眾鬼魂之一。發生在心理醫生與小男孩之間的治療過程，其實是人鬼之間的一場交會。心理醫師對於小男孩所承受之痛苦的牽掛與陪伴，到後來成為理解自身之謎的鎖鑰。換言之，一開始被治療者的「視見」是治療的原因與對象，而到頭來被治療者以其「視見」回報治療者，使治療者看見自己原來看不見的事實。小男孩的「視見」是一種為人所拒斥，但終究得學習與之共處的感官能力；這個能力指出世界的多重性，也同時顛覆我們對可見世界的理解。治療者的「視見」則是一種隱喻的說法，藉著小男孩的視見而揭露原先未見的自身處境。心理醫師沒有以科學心理學的訓練來否認小男孩的「視見」（這正是他被前一位同樣為「視見」所擾之案主槍殺的原因），反而幫助他以「涉入」另一重世界的方式來面對心中的恐懼，例如以理解與溝通化解冤魂原來令人懼怖的面貌，或是傳譯冤魂未了的願望。而心理醫師自身未了的願望（幫助受此種「視見」困擾的案主）也在片尾小男孩對自身「視見」的接納中奇異地完成。

在台灣，像片中小男孩一般擁有通靈能力的並不乏其人。回到台灣收集論文資料的過程中，我認識了索非亞。她從小就有非常「視見」的能力，但在幾次為成人所質疑的經驗中，才知道自己所見的並非人人皆能見。像小男孩一樣，索非亞將這個不能透露的祕密藏在心中，在困惑中成長。雖然索非亞沒有遇見一位可以幫助她的心理醫生，但民間宗教對於鬼神的認識為她從小懵懂的經驗找到一個自我理解的意義架構，索非亞也從而認識到這種能力是可以經由訓練而成為助人的工具，於是開始運用其能力在宮壇為人服務。原來令人迷惑不安的知覺能力成為替人解決難題的工具，這是索非亞的經驗與片中小男孩重疊的部分。然而，經過多年的服務，雖然索非亞對特殊能力的運用日漸嫻熟，卻也因為宮壇文化以及其他人事糾葛而開始質疑這種服務的意義。在我們聊到《靈異第六感》這部電影時，索非亞說，故事如果延續下去，可能就不是 happy ending 了：有特殊的知覺能力得以幫助他人固然是好事，但這種能力也會將通靈人帶入重重的人世糾葛當中；最終，小男孩將會發現，他要克服的並不是特殊的「視見」所揭露的世界，而是可見世界中人們的慾望。索非亞離開宮壇的決定意味著幾年前安置於宮壇之中的助人實踐與自我理解必須重整，原本渾沌的特殊知覺經驗也必須另覓其他的理解架構以獲得安置。

索非亞以「譯者」作為通靈者的比喻，我覺得很貼切。不過，我以為通靈者也是一位「詮釋者」：從特殊的感知到理解再到傳譯的過程，從來就不是線性的過程；感應不是一個「看見」或「聽見」，再如「實」說出的過程，這其中牽涉的是身體經驗與詮釋系統的辯證歷程，也有文化與個人慾望的層層糾葛。索非亞的故事是一位「通靈者」在其存在處境與文化處境中，不斷為其通靈經驗賦予意義的故事。但《靈界的譯者》又不只是她的故事，也是文化的故事，是置身於此文化之中的「我們」的故事。讀者在本書可以看到很多以 realistic 的手法「描述」靈界的生動敘述（就像我當初訪問索非亞時，也曾經問過這種「妳看到的鬼到底長什麼樣？」的十足 realistic 的問題），也可以讀到顛覆人們對靈界之想像的「真實告白」（就像索非亞在宗教研究所的同學所說的，妳這本看起來很「迷信」的書原來是要告訴人家不要迷信！）。看見也罷，看不見也罷，信也罷，迷也罷，讀著索非亞的故事，而看見了「我們」，是這本書很有價值的一個地方。讀者在書架上發現這本書時，可能會為作者具「通靈」能力的奇特經歷所吸引；從認識索非亞至今，我卻覺得那在我們眼中平凡無奇的部分也一樣被她活得十分精彩。索非亞是我論文的「報導人」，也是我的朋友，我還希望有一天我可以帶著我那熱愛棒球的孩子去找她，聽她說另一個關於她如何成為棒球裁判的故事。

佳評如潮

索非亞以靈媒的過來人身分，闡釋來自靈界的訊息，傳達善惡因果的觀念，以饗讀者。

——日本京都佛教大學博士　果鏡法師

真誠的自我揭露，靈異之餘，感受到索非亞追求人生意義的執著。

——國立台北大學社會工作系教授　孫建忠

樸拙的文字娓娓道來，讀此書如同聽索非亞講故事般真實。她不濫用與生俱來的特殊能力，更希望藉其親身經歷破除迷信，希望大家努力認真地活著。

——國立台北大學社會工作系助理教授　陳圭如

Sophi is one of my all time favorite people and a special friend to Australian baseball, Our National team players can't say enough about her, working with us as a translator, caretaker, mother to our team, she puts them in their place when needed and has the utmost respect from our players and coaching staff, a great ambassador for the people's republic of china but most of all a special person with a big heart.

索非亞是我一直以來很喜歡的人之一，她是澳洲棒球隊的特別朋友，我們國家隊隊員實在無法用言語描述她，她與我們共事時，對我們球隊而言不僅是翻譯，更是照顧者和母親。每當有需要時，她總扮演好所有角色，並獲得我們球員與教練們最高的敬意。她是中華民國極佳的外交大使，更是位寬宏大量的特別之人。

——澳洲國家總教練暨紅襪隊球探　Jon Deeble

目錄

推薦序

第一篇 鬼話連篇的靈媒路 真實的人生與真實的鬼故事

第一篇

鬼話連篇的靈媒路

真實的人生與真實的鬼故事

很多人都曾幻想過靈異世界的樣子吧？鬼長什麼樣子？一定要穿白衣嗎？真的都沒有腳嗎？收得到紙錢嗎？超度真的有用嗎？用什麼方式可以趕走它們？心中充滿了好奇，又帶著一些恐懼。其實，我也常常幻想著，沒有鬼的世間不知又會是什麼樣子？

前言

台灣的宮廟神壇之多，簡直可以比擬路邊檳榔攤的數量；就算自己說不出個鬼故事，親戚的、朋友的，乃至電視上的，總有幾個可以朗朗上口的主打故事，這是許多人茶餘飯後的聊天主題，聽久了好像真應該「寧可信其有、不可信其無」嗎？鬼故事可能一輩子都不會碰到，但能藉由瞭解而以平常心面對，總比以訛傳訛造成的恐懼好些。

在我含著奶嘴時開始看鬼聽神，十五、六歲開了宮廟、二十多歲就選擇收攤退休，想要與大家分享這個過程，在過去的時光當中，發生的事情又多又急，有些東西我以為很好、有時候又覺得很糟糕；有時候我覺得自己既獨特又珍貴、有時候覺得自己惡貫滿盈、死有餘辜；有時候我好像都看清了，過一段時間卻又有不同解讀，雖然至今還沒有個「定論」，只確定這一路走過來真的不容易，感謝生命中許許多多的貴人還有給我考驗的人，讓我的生命如此豐富。

自有意識以來便開始探索這個大千世界，沒有多久就發現我的世界多了大多數人沒有看到或聽到的東西，原來那些在我生活周遭的東西叫作「鬼」，可惜見鬼沒能讓我清楚生命的起源、靈魂的去處，有靈視能力不代表我就是靈學大師、宗教專家，事實上，我景仰過許多各宗教的大師，他們不必賣弄神通、也不盡然自幼見神聽鬼，可是對生命的體認、修養與智慧卻不是我所能望其項背的。

我只不過是個再平凡不過的人，喜歡賴床、吃大餐，熱愛棒球、空手道與音樂，對於學校考試時常焦慮、對於作業也是避之唯恐不及，我有一票在各個領域中的好朋友，偶爾心血來潮也會跟朋友起爭執，只是我有個很怪的身分：「靈媒」，讓我必須在特定的時段、空間中抽離，在那個時候，我朋友應該不認得我、而我也認不得我自己。

見鬼聽神對我來說是一出生就這樣生活，可是人們總是問我怎麼回事？卻沒有人會問我怎麼吃飯、睡覺？更大的衝突在於——明明我這個「見鬼」的人自己過得好好的，偏偏有一堆見不到鬼的人告訴我：「妳應該這樣做！」這一切的一切對我來說太荒謬了，我試著迎合眾人的喜好與期待生活，結果差點讓我走上絕路，因此我決定做我自己：「誠實的自己」，我自己的生命、我自己走。

第一章　不一樣的童年

一九七九年的夏天我足月順產，在醫院檢查時並沒有任何生理上的異狀，後來聽我爸說起來還挺有喜感的，因為醫生太晚來產房，只花了五分鐘就來到這花花世界，醫生一轉頭才發現來不及叫爸爸出產房，大喊：「你在這裡做什麼？」爸爸很無辜地說：「我也不知道啊？沒有人叫我出去啊！」

雖然一開始來到這世界的方式挺有趣的，後來才發現要養活這孩子並不容易！時常會發生不明原因的高燒與呼吸困難，醫生都束手無策，由於上醫院的次數太頻繁了，馬偕醫院好心的黃喜祥醫師還跟我媽媽說：「以後直接把孩子抱上來給我看吧！至少可以省個一百八十元的掛號費。」非常感激這位黃醫師的照顧，當我中學時，我媽還特地帶我去拜訪他，黃醫師看到我時說道：「妳長這麼大了啊！」

面對這樣經常生病的情形，使我母親與親戚都會四處打聽哪位醫生或哪間宮廟比較厲害，不論多遠多貴都會帶我去，每週都有大阿姨背著我去行天宮收驚，才三歲的我都已經學會行天宮收驚阿嬤的各項手勢，可以在家中幫人 DIY 收驚了，弄得大人們不知該哭還是該笑？算是我往後幫人辦事的實習吧？

為了讓我存活下來，媽媽聽了算命仙的話，讓我認了三位乾媽，據說這樣孩子會比較好養，可說是用盡方法。常常處在高燒病痛之中，使我習慣於獨處，也很習慣打點滴，左手打不到血管就換右手、右手也找不到就打頭部，後來都找不太到血管了，還記得護士跟我說過：「病好了一定要多運動，否則以後手部血管找不到，就只有打頸部了。」聽起來實在是不太妙。

對於小時候病痛沒有太多記憶，痛過就忘了吧？但是我記得一個住院時的景象：當時約莫幼稚園的年紀吧？不確定是夢或是實景，當躺在病床上時，身旁陪我的人也早就睡了，一位與我年紀相當的小男孩從病床正對面的牆壁跳出來，他的臉異常蒼白，膚色甚至泛著青光，看起來像我一樣是個病人，他跳到我左手邊的床邊說：「妳不要再吃藥、打針了啦！跟我們一起出去玩！很好玩喔！走吧！」隨即往我左邊的窗邊飄去，距離我約兩個病床的距離，他飄離的時候還穿過我左邊的病床呢！我當時並沒有感到害怕，正在考慮是否要跟著他走時，突然傳來聲音說：「不可以！她的時間還沒到。」之後小男孩便跳出窗外消失無蹤。我的記憶中那個聲音是溫柔而混厚、很中性的聲音，我不確定性別，那個聲音讓我覺得很溫柔卻莊嚴、讓我很想擁抱卻知道不能褻玩的親近。這算是我記憶中最早與鬼魂有正式互動的記憶。

天生就是看得見「它們」啊！

沒有印象是從何時開始，就如同眼睛會看、耳朵會聽一樣的自然，我的世界裡，多了一些旁人沒有看見，對我來說卻是真實存在的東西。因為旁人看不見，所以也沒人能告訴我那是什麼？直到我疑惑地問出口，人們說：那叫作「鬼」。我一直看見的靈魂大部分像是往生者，有親人也有陌生人，也有神明般的形象。它們多半是死亡時候的形象——穿著死亡時的衣服、帶著死亡時的容貌與情緒；還有一些是令人畏懼的形象，例如：異常的瘦或高或巨大或殘缺或表情恐怖、扭曲而痛苦。

通常是後者才會引起我的注意，因為我對鬼魂並沒有特別的感覺，就如同空氣在我周遭一樣自然，但是它們有時候會傷害人，有時候光是那樣的形象就令我畏懼不已，這樣的情形使我非常困惑，也沒有能力去分辨，當我說出口時，家人會帶我去更多的廟，但我的「病[1]」卻從未改善。其實我也並不好過，聽到我媽曾因醫生放棄急救而跪求醫生、也為我病急而毆打護士，對此我很抱歉！可是我無能為力。

小學的生活大致上就像是電影《靈異第六感》中的那位小男孩，觀賞這部電影的經驗讓我很驚訝！我過去常排斥看靈異節目及電影，因為如果我害怕鬼魂會

---

❶在六歲之前平均三到七天就會發生高燒的現象，並會有呼吸困難的情形，醫師的診斷為感冒，高燒發生的頻率很高，必須要有保母二十四小時全天候觀察、照顧，也有過數次病危的情形。

威脅到我的生存、如果我真的以為現實生活中的鬼都跟電影一樣厲害，那豈不是就不用活了？每天就把自己嚇死了吧？在與家人一起看影片時，家人頻頻驚呼我小時候就是那樣的情形！在看完影片後家人更是個個眼眶泛紅，母親還跟我說她終於瞭解我小時候為何常常躲在衣櫥裡哭了。我第一次有一種被家人瞭解的感覺，這部電影對我的影響很大[2]。

不過我的小學生活也不至於那麼痛苦，至少有棒球與我作伴，棒球是我的避風港，只要跟朋友在公園玩球時，一切的煩惱就都被拋諸腦後！剩餘的時光也不怕沒有「人」陪我，隨便都找得到鬼跟我說話，只是不可以讓大人知道，每當我說出哪裡有鬼時，大人就不准我再到同一處玩耍了！此外，我有時候也想弄清楚這些別人看不到、而我所看到的影像是什麼？

很多人都曾經幻想過靈異世界的樣子吧？鬼長什麼樣子？一定要穿白衣服嗎？真的都沒有腳嗎？收得到紙錢嗎？超度真的有用嗎？用什麼方式可以趕走它們？心中充滿了好奇，又帶著一些恐懼。其實，我也常常幻想，沒有鬼的世間不知道會是什麼樣子？我自己一個人的時候是不是沒有「對象」可以說話了？遇到事情不就沒有「對象」可以討論？親人走了不就再也見不到面了？迷路時不就沒有「對象」可以問？面對這些疑惑我也覺得很好奇，但是我最恐懼的事情還是大人的反應。

---

❷《靈異第六感》—片中描述一位小男生柯爾有陰陽眼，長久以來飽受冤死鬼魂的困擾，讓他十分害怕，這種恐怖的遭遇讓他無法對他人啟齒，連他的母親都無法瞭解為什麼柯爾總是行為怪異。長期以來飽受心靈折磨與煎熬的柯爾，卻認定沒有人可以幫助他脫離現狀。在一位心理醫生不斷地努力下，終於讓柯爾逐漸打開心防，讓醫生瞭解自己的問題，也慢慢地接受他的建議。

童年的我應該算是一位高功能的自閉兒，也就是生活機能很好、能夠上學，只是常常喜歡耍自閉，這也不能怪我，因為經常一說出口就被大人的反應驚嚇到了，所以索性就自閉些嘍！我一直很納悶，你說隔壁的王太太剛剛走過去沒關係，我說死去的表哥回來看我們就有事情？你們也太奇怪了吧？誰說過世的親人就不能回來看看？誰規定看到了鬼就不能說？這些事情層出不窮，我也慢慢學會了，有些事情還是別說得好。

我已經不記得什麼時候開始看得到身邊的好兄弟，至今還是覺得它們在我生活周遭是再普通不過的事情。不過，大概十歲的時候才完全學會怎麼分辨它們跟活人，當然了，還包括不要說出來的智慧，免得不知是嚇到大人，還是讓自己被大人嚇到？

全家人雙腿發軟的黃昏

小時候最喜歡坐那種投幣式的電動遊戲機，幾乎每天黃昏都會去玩，不過，並不是我家有錢啦！乃是因為我見到的鬼大都是在黃昏時出沒，一直到現在，我爸媽都會說，每到黃昏全家人的腿都軟了，因為我總會看見一些親人和客人來我家：看到表哥和外婆總要打招呼啊！怎麼可以他們死掉就翻臉不認人？太沒有感情了吧？我可是從小就很重感情！看到死去的親人，該叫的就叫、該拿飲料的就拿！不認識的鬼進來，當然也是要問清楚他是誰啊。所以我爸媽會自己或叫學徒、保母帶我去散步，我想，我家人的凝聚力就是從那時候慢慢開始培養的吧？難怪從小到大，大家都說我是這個家庭的重心。

讓家人最「刻骨銘心」的大概就是我表哥吧？他是我大舅舅的大兒子，據說是位向上精進的好青年，白天打工、晚上去夜補校，在台北的時候就借住在我家中，可惜似乎好人都不長命，在我三歲時因為血癌過世，其實我對表哥一點記憶都沒有，這都是長大後家人跟我說的。

幼兒時期總是需要午睡的，不知為何，這位表哥總是喜歡叫我起床，家中原本是開髮廊的，除了擔任大師父的母親之外，還有一、二十位學徒，據說在將近黃昏之時，我常會跟他們說：「華正哥哥回來了！他說……」其實我從來沒有機會說出來華正哥哥跟我說了什麼？因為通常整個髮廊會有一半的人腿軟癱坐在地上，然後會有人大喊：「把她帶出去啦！」我想，應該是剩下那幾個沒有腿軟的帶我出去散步、坐電動遊戲機吧？真可惜我都不記得了，其實我現在也很想知道華正哥哥到底想說些什麼？

大部分我的玩具都是扮家家酒，也常常因為玩火被大人處罰，其實這是有原因的！有時候會遇到鬼跟我要東西吃，我就會去弄水、弄餅乾、弄飯給它們吃，當然被大人看到會挨罵，因為他們總不相信真的有鬼跟我討東西吃；有些鬼會想吃「灰燼」，或許這就是為什麼要燒紙錢吧？它們非常喜歡吃燒過的紙，我會找各式各樣的紙張燒給它們，測驗紙、廣告紙、報紙甚至是衛生紙，當然被大人抓到就是一頓好打，想想真是冤啊！一整個委屈耶！為什麼沒有人相信我？後來除非是受到鬼魂的強力威脅，我實在不敢再燒東西給它們吃。

我的日子過得不是很悠哉，從我會說話開始，行程就是滿檔！我爸媽會自己或是拜託我大阿姨，四處帶我去收驚祭改，不過沒有什麼效果啦，看得到的我還是天天看，現在回想起來，或許幫我家人收驚的效果會好一點。反正大人們就是會用很嚇人的臉孔，還帶有恐嚇的語氣說：「不要說啦！哪裡有啦！」我每次都會被他們的表情嚇到，後來，我就學會不能說出來，如果要跟鬼講話就要偷偷講，要不然被人偷聽到了，大人又要嚇我了……

在童年的階段還沒有能力向外界適切表達自己的遭遇，即使想要表達，也會因為家人對神鬼的誤解與迷信，回應的態度多半是否認的，而且忽視我的求助，所以童年階段對於周遭的景象只能消極地躲避。由於沒有人可以同時看見我所見到的景象，所以我也無法肯定景象的真實存在與否，我就算問其他小朋友，他們大部分也都說沒看到，真不知道該怎麼辦才好？此外，在台灣傳統文化的影響下，認為會見到這些景象是不祥的或是被魔鬼纏身，而這樣的事情發生在身上又會歸因於今生或前世犯了罪孽，所以在這個階段我是非常混淆並且有罪惡感的。

罪惡感使我不願意接納自己，也認為自己不受家人接納，直到大二與家人看了《靈異第六感》後才有被接納的感覺，罪惡感受到釋放，我才漸漸開始願意與家人或朋友透露出這方面的經驗。有許多研究顯示瀕死經驗[3]與靈視的關係，雖然我有同樣的經驗，但由於不復記憶所以無法在這個部分做討論，也無法藉此瞭解過去生理病痛與靈視現象何者為起因。

會報明牌的靈童

或許在別的文化當中成人會對我的言論不以為意吧？可是在台灣就變成大驚小怪，大人是又愛問又害怕，當然也不忘壓榨我的剩餘價值：「大家樂」是我踏入靈媒工作的第一步，從我六歲就知道要在這行混並不容易，不是隨便報個號碼就能了事，還要分「大號」、「小號」、「特尾」，比較資深的賭客還會不忘問：「是哪一期的？會連莊幾期？」

我不是很清楚明牌的準確度，想必應該是有一點準吧？不然為什麼一天到晚

❸「瀕死經驗」——許多國外的例子為在經歷過瀕死經驗後而產生了靈視的能力。

問我呢？有時候我也會為了討好大人，聽到有鬼跟我說明牌就趕快跟大人說，因為不久之後我就可以得到禮物了，有時候是溜溜球、電視遊樂器、新衣服，當然還有很多餅乾糖果，說真的，我家裡從來沒有缺過零食，使我至今對零食一點眷戀都沒有。

可是明牌也不是天天有啊！但是大人一定會說：「妳一定有！」有時候我會發脾氣、有時候我會隨便講個號碼交差，最嘔的應該是屬於「真的中獎還被罵」吧？那次記憶非常深刻，我說會開三十八號，但或許當時是流行二十八號吧？一些人還是執意下注二十八號，接下來我就被責怪：「妳為什麼不說二十八號就好？」是你們自己不簽三十八號吧？為什麼要責怪是因為我說了三十八號所以沒有開二十八號呢？記得當時我還放話說：「我再也不跟你們說了！」

至於我的答案從何而來呢？通常就是問神桌旁邊站著的「好兄弟」，抱歉，大家都叫它們是「神明」。其實我覺得大人真的很奇怪，明明鬼就站在旁邊為什麼不自己問？可惜我貪戀著餅乾和冰淇淋，就這樣把自己給賣了……

問的方法非常簡單，我只是走去桌邊，然後問上面的鬼（抱歉，大家都說是神明啦）說：「叔叔（或阿姨），他們要問下一期會開幾號？」然後大家都看不到的那位叔叔或阿姨就會跟我說了，有時候會給很多號碼，有時候也會問不到，更多時候叔叔和阿姨們的意見分歧，會給我不同的數字，這讓我非常地困擾，因為大人會繼續追問，很煩、真的很煩。

所以要問明牌真的很簡單，是大人自己把手續複雜化、成本提高了！後來搞得要先上香、水果等等，當然還有一堆人要跪拜、燒紙錢，把空氣弄得很糟、眼睛都會不舒服，最討厭的是居然還有人要我吃素！我真的不知道這跟明牌準確有什麼關係？不就是走過去問一下嗎？有聽說問路之前要先吃素的嗎？

總是有人問我：「這樣拜對不對？可不可以？它們有沒有滿意？」連我年逾八旬的奶奶在中元普渡時都會這樣問我，最莫名其妙當屬我媽，每次家中的中元普渡一定要我「看日子」，倒不是看黃道吉日，是要確定我在家中坐鎮，確定好兄弟們吃完後趕快拍拍屁股走人，別留在我家。要請好兄弟來家裡吃飯，又要派我在那裡看守？就算是遊民街友吃歲末流水席也不會那麼沒尊嚴，要是我就不肯吃了！後來我就找了個藉口宣布：「從此家中普渡取消，有意見的鬼自己來找我申訴！」我媽聽後補了一句：「那我也省事，不過到時候有事情妳要負責喔！」廢話，各種死人、鬧鬼的事情，哪次不是我負責啊？

關於拜拜這件事情，我鼓勵大家多拜水果，特別是土芒果、蘋果和芭樂，這時候很多人質疑我：「為什麼可以拜芭樂？」我說：「因為神明說的。」然後大家就會照著做了。那麼，真正的原因是什麼呢？很簡單——因為我喜歡吃這三樣水果啊！大家拜完了我就可以吃了。當然，如果我想吃別的也會跟大人說，只要說是神明說的就好了。

除了大家樂之外，我的業務範圍也推廣到「看風水」，大人會把我帶到一間房子內，我只要右手拿著烤香腸、左手拿著冰淇淋回答問題，問題大部分都是：「妳有看到誰嗎？這邊有別人嗎？」後來我才知道，如果我說：「有一位阿姨坐在那裡梳頭髮。」基本上這個房子就不會成交了。

小時候比較少幫人看風水，長大之後才比較多，主要是我遇到「有鬼教我怎麼看」。基本上是相對的概念：所謂的風水乃因地球轉動所起，每樣東西有相對位置就會有相對的影響，所以「風水」其實是隨時在變動的，某個方位現在很好、必定有相對方位不好，而這些方向都是在進行中，只是機率和時間的大小長短，因此我讓人常處於好的地方、少碰不好的地方，這就算是風水了。

我也很想弄清楚為什麼我會看到這些？很遺憾到現在我還是不清楚，我也不清楚為什麼我就糊里糊塗當了靈媒？倒是不會覺得很討厭，因為那時候都會有很多好吃的東西，大人也都會對我很好，平常吃飯媽媽會對我大喊：「吃快一點！不要嘴裡含飯！」但是如果我在辦事的時候，就算把桌子翻了也沒人敢罵我。當然靈媒工作只是偶爾出來串場一下罷了，我帶給家人的麻煩比幫助還多。

聽起來照顧我挺費力的，的確，家人至今仍在抱怨我小時候常對著空氣說話，除了黃昏之外，我也常在清晨起身，據說看似在回答某些問題，使得家人非常困擾，每次都像是在考驗家人間的親情，看看到底有誰敢陪我睡？可惜我現在已經不復記憶了，只慶幸當年精神醫療不是太發達，不然老早被送去療養院了吧？

親愛的外婆

電影《靈異第六感》還與我有個雷同之處：同樣有位好外婆。還在世的外婆是故事中那種慈祥的老奶奶，她會帶我去散步、生病時守著我睡覺、帶我去雜貨店買糖果、在她懷裡睡著。當然這也是母親跟我說的，五歲之前我實在沒有什麼記憶了，事實上，我和外婆的感情是當她死後才感覺深厚。

外婆過世的前兩天來我家住，在回南部前塞了五百元給我，媽媽還跟她拉拉扯扯，說五歲的孩子要這麼多錢做什麼？外婆堅持要給，而我就在一旁玩板凳，我沒有印象到底收了五百元沒有，但那是最後一次看到在世的外婆。

外婆過世後還是常常回來陪我或是帶我出去玩，在當時並不知道她已經過世了。大約六、七歲時，和姐姐正要一起睡覺，我請外婆也過來一起睡，我姐姐說：「妳胡說八道！」但我很認真地爭辯：「外婆就坐在那裡為什麼不跟外婆一起睡？」僵持到最後的結果是姐姐不敢再睡那個房間了。有次我又在家中看到外婆，媽媽問我外婆穿什麼樣子？我說：「像是旗袍式的衣服，紫色的、有白色和紅色小花。」我媽說：「就是入殮穿的那套。」而我當年其實沒有去參加外婆的葬禮、更別提看過了。這些事情常常發生，對我而言，過世親人的面孔是親切而並非可怖的。

從小學起父親都會盡量接送我上下學直到高中畢業，一直不瞭解為什麼不給我自主的空間？高中畢業後父親才說明原委，原來有一天父親說他隔天放假要接我放學，我說：「不必啊！因為外婆每天都會陪我上學和放學啊！早上外婆會在門口等我，到學校後她就要我進去好好唸書、要乖乖的，然後放學的時候，她都會在校門口右邊等我，牽我的手過馬路，帶我回家。不過外婆很奇怪，每次要她進來，她都不要，都說有事要走了，晚上有空再帶我出去玩。」從此之後，每天都會有家人或是保母接送我上下學，直到高中畢業。

這實在是很難解釋的現象，許多早晨我會跟父母說與外婆出遊的種種，應該只是作夢，可是何以我的夢境就如同親身經歷呢？這現象到我現在偶爾還會發生，在大學擔任助教時，曾與原住民學分班的同學們一同畢業旅行，前晚作了一個夢——夢見我到某處閒晃。隔日旅行的風景竟與前晚夢境如出一轍，出於好玩的心態，我跟師母（主任的太太）打趣說：「昨晚我夢到我來過了，等一下過去的景致是有座吊橋……等等。」往前一看竟也相符，至今師母每次見到我都會重說一遍這件事情。

在中年級的某天，外婆在我要進去校門時，跟我說她不能再陪我也不能帶我出去玩，因為她要離開了，她要我好好照顧自己，說了很多耳提面命的話，當時的我還沒有感覺，但是放學出來之後，真的沒有再看見外婆，我原以為只是一天沒看見，但是過了好多天外婆都一直沒來，我才驚覺外婆真的走了！至今我仍很懊悔沒有更珍惜外婆在身邊的日子。

由於當時對於死亡還沒有發展出清楚的概念，因此在面對已經過世的親人，還是會用在世時的態度去對待，也就不會感到恐懼或害怕。因此，童年時期在面對親友的亡靈時沒有恐懼的情緒，算是比較正面的經驗。

除了偶爾來探訪我的親友之外，家中也常有不速之客來訪，例如，有次我坐在小椅子上看報紙，卻一直有人故意拍報紙、讓我不能好好看報，幾次下來我就不耐煩了，於是大喊：「小剛[4]，不要鬧阿姨了啦！」只見小剛站在門口很無辜地對我說：「我哪有怎樣？」我把報紙一掀開，眼見一全身綠色的幾個月大嬰兒正在對我笑，並且在我還來不及反應時就爬走了。

有時候它們很單純只是要點飯吃，有時候它們只是路過，有時候以為我看不到它們，這些都無所謂，困擾的是那種不善罷甘休的！它們會跟我說需要什

❹小剛是我姊姊的小兒子，國小之前住在我們家。

麼？有時候只是紙錢、只是食物，有些則是要我供奉。我家是不拜拜的，所以我一點都不知道該怎麼做？或者應該說：「我聽不懂它們到底是要什麼？」

既然是勒索、當然要長得兇神惡煞的樣子嘍！它們或許會是灰色、青色，或許是血淋淋的、或許是器官組織有所缺損，那樣子看起來就像是屍體，是我很想很想忘記的記憶。在我的眼中，它們看起來像是玻璃中的映像，不是非常立體、但是會有模糊的色彩，遇到那些可怕的鬼魂，還沒有聽完它們的要求我就先跑了，衣櫃是我最常躲的地方，時常害怕到把裡面的衣服都濡濕了！就算家人在外頭找我，我連發出聲音求救的力量都沒有。

很懦弱嗎？那麼換個角度來看好了，如果今天你獨自一人處在殯儀館中，有個遺體坐起來跟你說話，你會說：「先生（或小姐）您需要什麼嗎？是拜飯不合口味嗎？還是洗臉水涼了？我在這裡聽您娓娓道來……」我想任何人應該都是拔腿就跑吧？更何況殯儀館都還是化過妝、打扮得漂漂亮亮的遺體，反觀當時我才幾歲？我能怎麼辦？

雖然與親友亡靈的互動不會有問題，但是仍無法讓外界知道這個現象，如果表達出已經死亡的親友回到家中的狀況時，便會遭到家人立即的否認與阻止，面臨家人這樣的反應會讓我感到困惑與委屈，導致更加封閉自己對外表達的企圖。不論是面對令人心生恐懼、害怕的陌生亡靈，或是熟悉、親切的親友亡靈，由於在台灣傳統文化對亡靈刻板印象的影響下，長久以來當我要描述時，每每都是得到家人的否認與拒絕，因而阻斷了向外界表達或是求救的機會，也因此發展不出對人闡述所見所聞的能力。看到亡靈，養成了只能孤單面對，很多時候，一直到現在，我真的很希望有人可以分享我所看到的世界，哪怕只是假裝相信我也好。

又要我報明牌，又不准我說有鬼？

關於小時候的記憶，可以是很快樂也可以是很痛苦，我覺得非常矛盾，平常我是很普通的小孩，上學、寫功課、很多玩伴與打棒球，即使大人問我大家樂明牌或者偶爾看看房子也不討厭，有很多的鬼玩伴也挺不錯的，可是每當我說出看到鬼時，大人會怒斥我、要我閉嘴。我不懂！當你們問明牌的時候可不是這樣的態度啊？

平常生活中有很多好的鬼，它們大多只是在我身邊擦身而過、頂多跟我說說話，而我能做什麼呢？我只能回答不知道啊！可是有些鬼就是來者不善，光是在我眼前就讓我恐懼不已，我怕它們對著我生氣或哭泣，更害怕逼我幫忙做事，甚至附在我身上，或許這些事對於成人來說沒什麼？但是對小學生的我實在是不能承受。

通常可怕的鬼在它們開口之前，我就已經逃之夭夭了！更多是找我要東西吃的鬼，有些鬼則只是跟我聊聊天，其實聊的內容很一般，大概就是：「妳叫什麼名字？哪裡人？幾歲？妳那邊有沒有吃的？」跟我講笑話的也有，做可愛鬼臉的也有，當然我也常常因此挨打，理由就是：「妳幹麼一個人在那邊講話、傻笑？」可是除了往我頭上呼巴掌之外，沒有大人有興趣繼續問我：「到底發生了什麼事情？」

最糟糕的情況大概就是「附身」了！那情況有點像是小時候玩大風吹擠椅子的狀況，鬼就從我身上擠過來，特別容易是從「上背部」，有一陣發冷的感覺，然後感到頭暈、昏睡與嘔吐感，所以我總是提醒人們應該多穿件背心，身體暖和之後就不容易被鬼上身了！但是這並不是萬靈丹，於是我開始去尋求能夠保護我的力量。

尋求保護的力量

在我九歲時我父母常帶我去找一位朋友玩，她在土地公廟旁賣檳榔，正好認識廟公。我父母常把我放在廟旁玩耍，大人們就在一邊聊天。一天，廟公突然說起土地公很靈驗，身上本來有十幾條信徒捐獻的金項鍊，供給信徒祈求的，但是日前居然全部被偷走，感到很惋惜。所幸廟公還藏有一條壓在土地公石像下，問我父母是否要幫我求一求，戴在身上以保平安？我父母說他們不知道怎麼求，請廟公代勞，但是廟公卻連續三個都是笑筊，旁人便說應該讓孩子自己試試看，我便生平第一次的擲筊，結果是連續三個的聖筊，因此我便一直將金項鍊佩戴在身上，從不拿下，也的確多次阻止了鬼上身的情形發生，對我來說這是保護的力量。

這條項鍊很樸素，純金的項鍊、墜子則是一塊小小的金牌，一面寫著「福」字、另一面寫著「壽」字，不知道是心理暗示或是這條項鍊真有力量？每次我感到鬼要逼近或上身時，我就會手握這條項鍊，拜託土地公保佑我，很多次逼近我的鬼會消失，有時甚至根本沒有碰到項鍊，當鬼逼近我時，項鍊就會自動斷裂，所以後來我很相信這條項鍊也很依賴它，畢竟它是我在溺水時的浮木，事實上，除了項鍊之外我還能依賴什麼呢？

這個保護力量對我而言是很有意義的，除了外婆和其他死去的親人之外，它是一個物質型態的保護物，使我可以掌握、別人可以看見的物品；此外，它也是第一個我主動追求後所獲得的保護，即便它並不是可以成功阻擋每一次的入侵，但畢竟還是有一點阻擋的力量，使我不必每天對抗鬼魅，而能過著比較正常的生活。因此我漸漸寄望於各種宗教與儀式、四處找尋我的保護與拯救，但是卻屢屢挫折。

有很多鬼也不完全是個壞事，因為我從來都不會寂寞，記得以前就讀的一所學校外面有座天橋，我總在那裡等爸爸來接我，而那裡總有個提著頭散步的鬼魂，一開始我挺害怕的，後來才覺得親切：剛開始我都假裝看不到，它就會故意逼近看我——用手上提著的頭看我。有一次或許看太久了吧？它自己突然笑出來，我也忍不住跟著笑出聲，我們就此打開話匣子。

它怪我幹麼假裝沒看到它？我也怪它為什麼不把頭放在頭上？它說這樣比較特別、別的鬼就不會跟它搶地盤了！我想它們混口飯吃也是不容易的，跟它講話不是很容易，因為我搞不清楚到底要跟它的頭講話、還是跟它空蕩蕩的頸部上方講話？不知道哪樣比較禮貌？通常我們只是打個招呼、相處的時間不是很多，因為有時候沒看到它、有時候我爸比較早來接我，通常遇到也只是說：「下課啦！」、「今天不用練樂團嗎？」沒什麼建設性的對話，其實人不可貌相、鬼也是一樣的。

那裡也有很漂亮的鬼，穿著粉紅色和服的日本少女，要不是因為在上課，我好想問她：「這套衣服去哪裡買的？」穿起來真的好有氣質喔！搞不好我以後相親可以用得上？可是常常跟鬼在一起會讓我的身體不好，會有不明的「過度換氣」現象，好幾次我爸或我姊送我去醫院急救，也有在學校突然失去意識過，嚇壞同學和老師了！後來因此佔了便宜，別人上課打瞌睡會被老師處罰，但是老師擔心我是要發作了，所以都允許我直接趴下來睡，其實有點不好意思耶：我沒有生病、只是老師講課讓我想打瞌睡罷了。

還是得上學啊！某天班上的女生在玩錢仙時，我盡量不待在教室，但是上課了還是得進去，上課後不久便看見一個高大的紅衣女鬼站在我身旁，而我的身高僅止於她的腰部，她的樣子與其說是人，不如說是「紙紮的」，質感就像是紙人，僵硬而沒有表情，她從我背後撲上來，使我不停地發抖，抖到身旁的同學都發現我的異狀。

我一手捧著土地公的金鍊子，一手握拳，口中和心中不斷唸著：「土地公慈悲請不要讓她上我的身[5]……」但是她還是從我的背後進來了[6]，我手中捧著的金鍊子竟也突然斷裂，我覺得全身都很疲憊而沉重，每次的呼吸都無法吸進肺部，疲憊到我無法進食、說話，我好像有在人世間，但是我不知道周遭發生了

❺在這部分是我主觀感覺的認定，我認為感受到鬼魂意圖入侵身體時，只要我手握項鍊就能嚇阻鬼魂的入侵。

❻「附身」——指器官組織或多或少地被異己的存在所侵入。相較於一般人所認為被附身者的言談、書寫、行為等等會與原先的人格相異，我則是清楚我與入侵者的分別，並能儘量維持個人思考與行動控制的能力，但會因為想要對抗附身的鬼魂而有昏睡、無法進食的情形。

什麼事情，時間好像有在動、可是一切又好像是靜止的。

接下來的三天，我無法進食或行走，只是不停地昏睡，我只想躺在床上，無法思考，好像活著又好像沒活著，我父母見我的臉色發綠而緊張了起來。他們不知所措，在急忙中突然想到：姊夫的親戚不是說過他會驅鬼嗎？因此在病急亂投醫的情形下，便把我載去那位親戚家。

儀式的進行是先用七張卦金點火後在我身邊揮一揮，然後再用檀香把我全身淨過一遍，我看見那個女鬼居然走出我的身體，我想：「它應該是受到燒金紙香味的吸引吧？」隨著金紙丟到金桶中，鬼也就跟著去大快朵頤。我的身體頓時輕鬆，肚子突然餓極了，抓起桌上的餅乾就吃，姊姊趕緊弄一些食物給我，還記得是羊肉爐呢！此病竟也不藥而癒。姊夫的這位親戚（姑且稱為K老師），告訴我很多有關於鬼神的事情，一直到廿歲之前，我以為找到了真理。

對於態度不友善或是面容醜惡的鬼魂讓我備感威脅，除了視覺之外，也會看見鬼魂進入我的體內，後者是最糟的狀況，我感覺鬼魂所躲藏的身體部位會產生病痛，這些現象使我常常想要尋找能夠保護我的物品或力量。雖然在偶然的機緣下感覺到金項鍊有保護的力量，但這個保護力量其實是有限的。

現在想來覺得自己很傻：「其實我小時候沒有那麼怕鬼」，雖然常常被醜鬼嚇到，可是大部分的鬼都很友善啊！我把自己送進死胡同中。本來與鬼在一起相處是如此自然，長大後開始聽到「鬼很可怕」的各種故事，大概都是人被鬼騷擾之後變成瘋子、生病、發生車禍等等的故事，好像得罪鬼、不聽鬼的話是多嚴重的事情！搞到後來我也以為鬼很恐怖、也以為鬼上身很嚴重，也以為鬼會功力高強，直到我不耐煩之後，才發現對它們吼幾句髒話不就得了？越怕它們還越讓它們得寸進尺，後來想想的確：「我被鬼耍了！也被人耍了！」

但當時的驅鬼經驗，讓我對能看見亡靈的能力，在看法上有了轉變。雖然恐懼與害怕的情緒仍然纏繞著，但也因此使我瞭解其實可以積極主動去追尋拯救及保護的方法，因而產生了成為靈媒的動力。

第二章　成為靈媒

我會成為靈媒與K老師有絕對的關聯。他在太太過世後意志消沉，走投無路後便到大龍峒保安宮的凌霄寶殿的雷雨普化天尊前靜坐，靜坐十四年後便開始為信眾祭改。根據他的說法，第一次幫人祭改也是神明教的：「有個聲音在我耳邊說去幫那個人祭改，我照著那個聲音去做，跟著唸了口訣，然後在那人的背後拍一下，對方就好了！」從此之後他就用那個口訣幫人祭改。

平常的他不修邊幅，瘦瘦高高的身材，穿著破舊的單衣更顯得單薄，香菸很少離手、泡茶則是每天一定要做的事情，這樣的外表被稱作「老師」實在是很沒有說服力，不過他的確治好了不少人，加上他熱心地自我推薦，漸漸地晚上十一點就會有信徒到家中讓他祭改，原則上是不收費的，不過信徒多半會拿些禮物來孝敬，大部分的經濟來源還是仰賴他的兒子。

第一位病患和第一間道場

十五歲某天在等待K老師祭改前，他問我最近是否又有看見鬼魂？現在周遭有沒有？我看了一下回答說：「家裡沒有，但是某個人的身體的某個部位中有個鬼魂」，那個等待祭改的人說：「我就是那個部位不舒服！」

他算是我的第一個病人，因為K老師認為我會幫人看病，因此我變成他的助手——我看診、他祭改[1]。求診的人越來越多，所以他便在我家附近開了一間道場，當時我覺得幫別人看診、解惑是件好事，因此一直持續協助看診。我以為這就是我應該追求的生活了！

依照道場的觀點，身體的不適是因為有鬼卡在身體內，所以鬼魂躲藏的地方就是引發身體不舒服的部位，解決的方法就是將鬼趕出來！每天晚上十一點十五分K老師會奉香，那可是一大把香啊！祭祀的對象有：三清道祖、玉皇天尊、黃帝、金龍太子、土地公與自家祖先，依照輩分每個神尊的香從一到十二炷不等，後來又加了保生大帝、南極仙翁等等，依照鬥法情節上上下下——鬥贏了就上神桌、輸了就要收起來。

上香前後由我幫信眾檢查身體，看看他們身上哪裡有鬼？為信徒看診的方式為：對方隨意地坐著，我則坐在信徒的面前約五公尺處，當我面朝信徒的方向

---

❶「祭改」——道教的宗教儀式，藉由法師或乩身的儀式，可以使人消災解厄、排除冤親債主或陰魂的附身。

閉上眼睛後就會看到鬼魂浮現出來，我所看見的景象如同是玻璃窗上的倒影，雖然是彩色的但多半是單色，例如：灰、白、藍、綠等等，背景則多半是黑色的。也有衣著鮮麗的鬼魂，通常是我張眼時看見的。基本上我的準確度挺高的：看到信徒哪個部位有鬼就是哪裡有病痛嘍！在心臟有可能是心臟病、糖尿病或者嬰靈都看得到，其中的判定就是經驗累積，多練習就會知道了。

很多信徒都會想要知道「為什麼我會卡到陰？」有時候我也會問鬼：「為什麼你要附身？」官方說法有很多：在某時某地得罪了它，很多時候鬼也說不出個所以然來，有些鬼則是小說家，連清朝、宋朝的故事都搬出來了，很多信徒都很愛聽曲折離奇的故事，最好是那種三世因果累世糾纏的，可是後來我聽起來都很沒有創意：為什麼它們前世都是殺人將軍、王爺，不然就是公主、貝勒爺？難道乞丐就不是人喔？就是因為大家的故事都相近了，聽久了我也覺得奇怪：明明就是這些鬼在幻想自己是將軍吧？

所謂三世因果是最好打發的，反正所有的事情都推給「冤親債主」就好啦！可是就我個人的觀察：「好人有好報、壞人有壞報」這句話是撫慰人心用的！長久的時間來觀看，誰能斷定什麼是好的？什麼又是壞的呢？端看是從哪個角度去想罷了！很多時候卡到陰，是因為當時的身體與精神狀況不好，所以只要把健康養好、精神提振，鬼遠遠看到就閃你遠遠的，哪敢靠近啊！

其實我也相信必定有些原因致使鬼上身，可是討論這樣的原因有意義和必要性嗎？不就是把「諸惡莫做、眾善奉行」奉為圭臬就好了？領悟到這些道理後，我現在以運動代替胡亂打坐，不再接近宮廟神壇這些神鬼聚集處，自然就比較沒有機會遇到鬼，身體也就一天一天健康起來，那些不明的高燒與過度換氣，成為我病歷表上的歷史名詞。

祭改儀式的進行是由K老師用七張金紙點火後在信徒身旁揮舞，再手持燃有檀香的檀香爐繞身體淨身，比較嚴重的人就用一百零八炷香（代表三十六天罡、七十二地煞）為信徒祭改並超度鬼魂。很多時候是有用的，鬼通常都會受檀香香味吸引跑出來，並且吃飽後離開，可是從常來看病的信徒身上發現：身上的鬼離開沒多久後、又回來了。想當然耳吧？宮廟神壇總是燒足了紙錢，一段時間餓了就回來吃！自然吸引鬼來聚集，人們卻總是愛待在這些地方，當然容易「重複感染」了。

我並不喜歡和鬼說話，但是在信徒或是K老師的要求下我會試圖與鬼溝通，溝通的方式並非藉由言語，而是將想要說的話努力用頭腦想、在腦海中盤旋，然後對方就會知道了。我得知鬼對我要說的話也是同樣的方式，不必經由耳朵的聽力就會直達腦海，我會感覺它要說的話自動出現在腦中。有時候也會感覺到有聲音就像「真的有人在跟我說話」，那反而怪恐怖的！記得我家以前

「住」了一位老婆婆，倒也相安無事，只是有回半夜我去廁所解手，她老人家居然在背後叫我，那聲音竟與真人講話無異，嚇得我差點尿褲子！好在是已經上完廁所才發生，不然真的要洗褲子了，於是氣得對她大喊：「半夜不要從背後叫我啦！」

用意念與鬼溝通是很費力的，我必須盡力集中精神，每次工作三十分鐘後，便會精神不濟、注意力衰退，在生理方面則是感到口渴與飢餓、體溫下降與發抖，通常必須在經過三十分鐘至一個小時後才能恢復正常的生理狀態。有些鬼會暢所欲言、但也有許多鬼不願意與外界溝通。所以我溝通起來是很費力的，因此我會輔以其他東西的幫忙，例如：咒語、燃檀香。前者我不便說明、後者則是藉此放鬆身體、減輕自我意識。

就我的瞭解而言，是它們掌握發言的權力，因為，若是它們不願意溝通，任何的努力都是白費，換句話說我只是被動接受溝通，這種非對等的狀況讓我在處理時常會感到挫折，漸漸地我便習慣於用眼睛去推斷信徒的病情，而不採用問答的方式，反正鬼話連篇啦，講了也不盡然都可以聽信。

喪事頭七趕著為往生者傳達遺言

藉由這些溝通的方法，我也會協助喪家處理喪事，通常在頭七內可以在事故地點或是往生者家中找到靈魂，然後藉由問答的方式問出亡者的遺言、心願等等。相較於在道場辦事，我比較喜歡處理喪事，因為我覺得可以直接幫助到亡靈及其家屬。只是後來還不幸涉及爭產是非，致使我連喪事都心灰意冷，不想再碰了。

一開始幫忙的對象都是鄰居和親戚，我其中一位乾媽的公公過世時我也去上香，跟著其他孩子叫「阿公」，他在世時我沒有什麼接觸，也是過世後才比較認識的，去上香後阿公跟我說了些事情，我不知道該不該跟乾媽說？阿公說想要吃「鹹糕」，所以我去行天宮附近買了一份回來給他吃。家屬感到非常奇怪，因為我很少跟阿公有接觸、為什麼會知道他喜歡吃鹹糕呢？我只好全盤托出：「阿公有好多事情想交代，我可以說嗎？」這時候家屬統統都圍過來了，當然催我：「快說、快說啦……」

交代的事情非常瑣碎，阿公想吃葡萄，正當家人準備張羅時，阿公補了一句：「不用去買，冰箱裡面有啦！」果不其然冰箱裡真的有葡萄！接著交代某個孫子晚上守靈不要在昏暗的燈光下看小說，也的確昨天晚上那位孫子一邊看小說一邊守靈；家屬找不到阿公的皮鞋，當然也是由我問阿公放在哪裡。

後來我也幫阿公挑選了靈骨塔、還有各項瑣碎的身後事，比較離奇的有兩件事情：其一是阿公跟大家說，我也算是他的孫子之一，我乾媽愣了一下後才想到，在阿公過世而意識清楚前自己準備了十三個紅包當作手尾錢，可是家裡怎麼算還是多了一份，終於恍然大悟——那份是留給我的；其二是阿公的長孫在前幾年因病過世，大家怕刺激老人家，所以都騙他長孫出國留學去了，這件事情當然我也不知道，我只是幫忙轉達阿公所說的話：「不要騙我了！我知道他已經死了。」這些事情都讓家屬挺安慰的。

已經算不清處理過多少喪事了！每次能為往者傳達最後的遺言，給家屬一些安慰，就覺得非常值得！看看那些亡者還需要什麼？家屬還能為亡者做點什麼？有時候見到許多亡者身上還帶著病痛，我會請家屬多拜點藥懺，其實我不知道能否真的幫助到亡者，但是只要他們相信、就是一種慰藉了。

家屬往往會給我一些紅包和禮物，通常我會收下各地名產，至於紅包呢？我會要家屬幫忙亡者「作功德」，可不是狂燒紙錢喔！那是我千叮嚀、萬交代不可做的大蠢事，我請家屬做的是買些物資捐助福利單位，而我會把紅包拿給他們一併捐了。

我也承認並不是每次都能與亡靈溝通到，這時候我會很沮喪，想辦法安慰家屬。有種家屬讓我感到非常無力：關心自己比關心亡者還多！他們比較在意什麼時候下葬、怎麼辦喪事，才可以讓「後代興旺」！原來葬禮對某些人而言，不是為長輩做好人生最後一件大事，而是榨取前人最後一滴幫助自己升官發財的剩餘價值？

處理喪事到後來真是「作口碑」，或許是因為誰家不死人吧？怎麼一年到頭都有案子？身心的疲憊是一回事，後來出現了令我無法承擔的壓力與責任——我必須協助處理兇案。十幾歲的我還沒有準備好怎麼面對，我沒有辦法承受破案的壓力，也沒辦法放下加害者報復的被迫害妄想，或許我想太多了，可是沒有人願意幫我！大家都以為我什麼事情都可以辦得到，但我只是位翻譯、還是位沒有受過訓練的翻譯，萬一出事有誰保護我呢？這讓我開始不喜歡幫人處理喪事，並開始害怕大家找上門來，我也想表現堅強，但這不是喊口號就能有幫助的。這些都讓我的生活非常的忙碌並且心力交瘁。每天晚餐稍做休息後便要前往道場打坐，約莫九點後開始看診，直到深夜十二點，隔天六點半仍然必須當個好學生，功課只得找空檔解決。一開始只是週末要去看診，接著又增加了週間時間、然後變成天天都得去，週末白天還要處理喪事，趕去中南部各地，雖然可以幫助人很開心，可是身體是很累的，特別是擔心人和鬼的報復時，那壓力實在難以承受。

出文[2]（降真）

除了看診之外，我也會出文。陸陸續續接過一些文，有些是為了道場，有些是為了他人，通常有人問事時，我會請信徒自己先焚香禱告，如果有聖意，神明會直接告訴我，便做一個轉達的工作，如果信徒還有疑問，我會稟報神明，然後看神明還有沒有其他的話，如果神明一直無語，便告知信徒就這些話了，這也是我開始討厭這份工作的原因。

我一向不喜歡被強迫問事，但有時候遇到很會奉承K老師的信徒，他一高興就會要我一直問下去，如果我說神明沒說話了，K老師就認為我不夠認真，因為只要他開口問，沒有神明敢不回答的！對於這樣的情形我很生氣，如果接下來還有信徒在等，我通常會忍著去問神明，但是其他時候我就會藉口有事，用很粗糙的方式離開，以表達我的不滿。

神明的指示有時候是話語、有時候是四句的七言詩，而通常在農曆正月的時候，會降下一些預言詩。我自己只留下四篇，其他的多留在道場或當事人手中，我已不復記憶。保生大帝的文是我第二篇接的文，第一篇文是在家裡賜的。當時我已經躺在床上，卻聽到呼喚，我起身之後隨手抓了一張作業紙，在不到廿分鐘的時間寫下了這一篇文，而且字句的數目居然與我的作業紙的行數

---

❷「出文」—指透過自動聽寫的方式來傳達神明所要表達的意思，通常一句為七個字，短者二句、長者卅句甚至以上，必須以台語發音才會比較順暢。爾後當我看見或是感受到鬼魂意圖侵襲我時，我會默念這篇文，除了阻擋鬼魂侵入身體之外，也有安定精神的作用。

剛好一樣！對於這個第一次的經驗感到很驚訝與奇妙，對我來說，也感到有保護的作用：

天地開化億萬年，宇宙混沌無生靈，
降靈造人為天意，只嘆世人不修心；
萬魔幻象為何因？貪心一起萬魔侵，
金銀財寶福祿壽，世人何時歸本位？
二千年來一大劫，鬼魔並起亂世人，
魔旨何時歸天庭，三月十五看分明；
世間大亂天災降，無德之人要小心，
天下痛苦不忍心，此為定數不可違！
貧者萬人留三千，富者千人留一人。
寺廟教堂壁倒傾，善惡是非有天理；
救鬼救靈不救人，業障自造不離身，
辦事無私天為證，若救惡人傷自身；
一切因果自己造，何時拆破由自己，
問天何為修正道？萬道萬學不離心！
問地何時成正道？道在我心一點清！

這篇文對我的影響很大，我第一次覺得單單文字就能有力量保護我！而且我開始思考當靈媒是不是真的在幫助人？當信徒眾多其中不乏名人的時候，信徒們的奉承，讓我有一段時期覺得自己很了不起，以為我可以幫助很多人，以為什麼事情神明都會解決，但是這篇文讓我思考到，其實我並沒有幫到任何人，因為一個人的罪業不是能輕易由他人所解救，此外，那些神也有不靈光的時候，祂們可以不負責任地消失，只留下信徒們想辦法為神明自圓其說。

靈媒做中學

為了維持身體的健康而必須每天進行祭改，因此自然而然就成為道場的一分子，並在偶然的機會下發現了陰陽眼的功能——可以幫信徒看病。在這過程當中並沒有預先的規劃亦無法預估擔任靈媒的工作能發展到什麼階段，我以消極「擔任靈媒工作也沒有什麼不好」的態度去面對。

在台灣傳統文化的觀念中，擔任靈媒也帶有正面的社會期待。一方面是為神明做事，另一方面可以助人消災解厄，所以從道德的層面而言，兩者都是擔任靈媒工作的正當性。因此，相對於接受靈媒工作的社會期待，若拒絕成為靈媒則會被外界認為是抗拒神明的旨意，特別是先天帶有陰陽眼體質的人，常會被歸因於此生應在宗教上承擔濟世的責任。社會期待的巨大壓力是個人或是家庭都無法抗衡的，在社會文化的一拉一推之下我便成為靈媒了。

在民間，非常熟悉能夠聽到靈媒或乩童走上這條路的官方說法：「帶天命」。背景故事就是小時候很難帶啦、有特殊的感應啦、與仙佛特別有緣等等，所以出社會之後只要去「找工作」就會生病，直到擔任神職工作、為神明服務才會自動不藥而癒，從此過著整天睡到自然醒、信徒自己送錢來的「修行生活」，如果修行真是如此容易，我也很想修行耶！

在各種宗教當中，正統正派的大師，哪個不是苦心修練、閉關唸書累積的？少有那種突然哪天睡醒就「開天眼」、「頓悟」的，即便是從小天資聰穎，不也都需要嚴格的自律與苦修，才能在信仰上有所得、進而服務大眾，如果有人連開計程車的工作都會頭痛、無法勝任，你相信他幫你做法事後就會前途一片光明璀璨嗎？真的要把自己的幸福寄託在他們的手中嗎？

小時候我時常發呆，這構成老師常常叫我去罰站的理由，當然也不忘數落我笨，還常常叫我多學學那些一看就是耳聰目明得人疼的好學生，後來我在靈媒世界找到了歸屬感，因為發生了同樣的情形時，別人問我剛剛怎麼了？我說：「我在發呆啊！」旁邊的宮廟人員會急忙補充說：「入定！那叫作入定！不是發呆啦！」一直到現在我對佛教都有股莫名的歉疚感——盜用太多專有名詞了！

在台灣要開間宮廟、當個靈媒實在是太容易了！隨便弄個神桌、加上一張嘴基本上就已足夠。會有這樣的想法也算是意外的發現：由於學業加上工作量太大，難免會有職業倦怠，有時候我根本懶得認真幫信徒看，基本上男生問事業、女生問感情就不會錯，只要跟他們說：「有卡陰喔……要處理。」信徒花了錢當然想繼續追問，我只要揮揮手說：「下一位。」讓他沒有繼續問的機會。

沒有辦法繼續問還肯掏錢嗎？讓我很意外的答案是：「是的！」總有旁人替我解圍，只要一句「天機不可洩漏」不就都解決了嗎？不然就是說他時機還沒有到，得要先展現「誠心」多來幾次，才可以解決問題，這讓我覺得好氣又好笑，因為其實我只是想早點回家看棒球轉播罷了！

有些信徒比較好解決，弄點開水給他們喝就好了，抱歉，行話應該叫作「大悲水」（再次跟正信的佛教說聲抱歉，這個詞應該還沒有註冊過吧？）基本上也是另一種裝模作樣！

當然給這些「大悲水」、「符咒」並不是自由索取，通常必須點綴一些「手續」，像是燒香稟報神明、作法等等，越慎重越好，以致於許多神壇還會推出「限量珍藏版」，喝了之後有病治病、無病強身，許你一個美麗的未來！我想，真正產生作用的其實是自己，如果一個人有強烈的意念相信自己，就會產生正面的力量，那麼，為什麼我們不相信自己？來個「大悲水DIY」就好了？

其實我只是天生有靈視能力而從小入了這一行，但對於什麼叫作「當靈媒」是沒有概念的，那些排場、祝禱與儀式，多少要感謝電視節目，反正我照著做就好，就算我說不出所以然、旁邊的信徒也會幫我想出一套說法，只要我努力忍住不笑就好了。如果要問做這行有什麼壓力？對我來說大概就是要想辦法不時創出一些新儀式、新花樣吧？本質上我不過就是名翻譯而已，大家真是想太多了。

靈媒生涯新高峰——靈醫李保延

不同於一般的靈媒，之前的出文讓我開始反省，或許我根本沒有能力幫助別人、擔負別人的罪惡，而寺廟的倒傾更是讓我困惑，這篇出文讓我不想傻傻地當靈媒，而會開始思考一些不合理的事情，也是未來我無法繼續與K老師合作的原因之一。雖然產生困惑，但是我的人生還是遇到重大轉變：李保延！

他讓我的靈媒生涯達到高峰，讓我開始沉迷於名與利，也讓我認清這一切的虛幻。靈媒確實有與眾靈溝通的「翻譯能力」，然而這不代表就是神明的代言人，既然不是神明，把一切過程攤開就只不過是翻譯，至於能力有多高強，則取決於所通之「靈」的高低，遇上能力強的自然通靈神準、能力差的只能得到白目的答案。

再者眾靈的能力如同人類一般是有分別的，例如有些善於看病、有些很會算命或看風水，有文官當然也要有武官，遇到別的道場神壇來挑釁的，養兵千日用在一時，能攻善戰武將們不免繫緊戰袍、把兵交，此外有時祭改問事時多的是來湊熱鬧的好兄弟，幫亡者傳達遺言時更多孤魂野鬼會跑來說自己就是亡者，我哪裡能管得了這麼多鬼和靈？只好請我方的「靈保全」出來維持秩序，好讓我可以一個個詢問、確認身分，好像去面試美國簽證的程序喔！

所以當個稱職的靈媒不容易呀！如同老闆經營公司要聘請到適合的員工各司其職，同樣，靈媒也需要堅強的靈團隊，大家分工合作才能提供最佳的服務。可是靈界的招兵買馬沒有104或1111人力銀行，只能騎驢找馬邊走邊瞧，既然沒有履歷表和自傳可事先篩選，只能先試著合作看看，箇中壓力真是頗大，不過往好處想還是有比人間輕鬆的地方：平常燒香供品就能養活它們，不必提撥勞健保、也不必舉辦員工康樂活動。

在這些各有專長的「鬼才們」幫助之下，我的靈媒工作真是無往不利，當中李保延大哥更是最關鍵的角色，因為許多來拜拜求助的人，根本沒有卡陰或被煞到，只是單純生病或者不順遂，李保延能針對信眾身體不適提出處方，自然能達到為信眾解除病痛的需求，因此那幾年香火鼎盛、信徒眾多，靈媒是我的主業、學生是副業。

當靈媒的場所我們稱之為「道場」，當時我並沒有涉入「行政工作」太深，因為我的主要工作就是「翻譯」，事實上我也不適合行政工作，因為我不善於睜眼說瞎話。道場擺了許多神像：三清道祖、三太子、土地公、九天玄女、女媧、金龍太子、地母、保生大帝、南極仙翁、媽祖、韋陀尊者、濟公、關聖帝君、觀世音菩薩等等（以上依筆劃排列，請不要計較），這些神像就是眾靈住的地方，依照法力分配住宿居住品質，對我來說其實都差不多，找個配合度比較高的就是了。

當有人求助時，我就會問問桌上這些「神明」，然後簡單地轉達。為什麼是簡單的轉達？因為身旁有一堆舌燦蓮花的工作人員、忠實信徒，他們會幫忙講成一整套故事，不然我一晚要看這麼多人，怎麼有體力和想像力呢？而且這樣也會缺乏神祕感了。至於怎麼「辦事」呢？一般來說會要焚香祝禱等等儀式，可是這些都跟我沒有關係，反正不管外面整套怎麼演出，我只是跟信徒身上的鬼有禮貌地說：「請你出來好不好？」然後鬼就會出來了。

鬼當然也不會平白無故走出來，這時就要「威脅利誘」，威脅：「你不出來我就叫我的鬼兄弟揍你！」、利誘：「拜託你出來啦！我燒紙錢給你吃。」通常都會聽話，但過一陣子又會附身回去，所以曾經祭改過的人，是否覺得頭幾次祭改很有效，越後面就越來越沒有效果？最後索性就不去了——然後換另一位聽說更厲害的老師？

第三章　靈醫李保延大哥

在我爺爺過世八年後，我第一次回奶奶家做忌日，竟遇見了爺爺！他的氣色很好，並一直說終於等到我了，他告訴我在新竹的一間廟工作，並要我日後去找他。下個週末我便和父親驅車前往，那裡的情景居然都與爺爺描述的相同，也就在爺爺的那間廟裡，我認識了一個書生青年鬼[1]，原本我對他沒有什麼印象，但他對我未來有極大的影響。

與他認識的過程也是很奇妙的經驗，我去爺爺的廟裡參拜之後，回家便做了一個夢：夢境是有數十人簇擁一頂轎子，上面有著一面很大的令牌，大約有一百多公分高、五十公分寬，厚度至少廿公分的翠玉令牌，轎子是精雕細琢、而令牌更是精緻無比，翠綠色的玉似乎會自己發光，中央寫著「李保延聖君大醫之令」。而旁邊有個廿多歲的年輕人，穿著青綠色的書生服裝，身高約莫將近一百七十公分，非常清瘦，面貌像是有點病容、沒元氣，講起話來輕聲細語，開口前一定會先頓一下，似乎考慮很多又欲言又止，好像一不注意就會被忽略，他對我說：「我奉玉帝之命至凡間行醫，請幫我。」我在睡夢中答應了他，

---

❶即是「李保延」先生。據李保延表示，他生於明朝時期的浙江，三代都是中醫，他也以濟世救人為使命，但是在他廿八歲為鄉人治療瘟疫時亦染病過世，由於還想繼續擔任醫生救人，所以便附身在神像當中，後來輾轉來到了台灣新竹湖口鄉，原本他是以保生大帝的身分為鄉人治病，但是後來因醫藥發達，所以鄉人便改信奉媽祖，而把他棄置一旁。詢問廟方的結果，該廟的確曾侍奉保生大帝，廟內並有許多藥籤供

但是隔天便忘了。第二天晚上，又做了個相同的夢，在夢中知道自己忘記答應他的事情已覺得很不好意思，於是連忙再答應他一次，並且重複唸了幾遍上面的字，深怕自己會忘記。隔天醒來，我還是忘了這件事，到了晚上，又是一模一樣的夢境，我感到更抱歉了，連忙向他賠罪，並保證明天我會問K老師，看能怎樣幫忙，夢便結束了。

其實到了第三天我還是忘記了，晚上在道場聊天時，K老師細數道場裡的神明有：三清道祖、玄天上帝、關聖帝君、福德正神以及濟公，並問起為何每個神尊都顯靈過了，怎麼只有保生大帝從來沒見過？我才突然想到我做的夢，並問K老師李保延聖君大醫是什麼樣的神明？也算是保生大帝嗎？我把夢細細說出，K老師趕緊訂做一個相同的令牌，從此進入道場香火最興盛的時期。

靈醫出手，道場香火鼎盛

自從道場在李保延來了之後，香火大大地興盛。他真的會幫人看病，看病的方式是病人先焚香祈求，然後坐在一旁，大約廿分鐘後我便請病人來到桌邊，然後我轉述李保延的診斷，我會先說出病人的病痛，準確率幾乎是百分之百，

人求取，近年因開放藥籤有違法之虞所以廢棄不用。

等到病人相信之後，我再轉述怎麼進行醫療，通常有兩個方式：一是開方子，直接開藥單給病人，有藥補也有食補，還有生活上的叮嚀、飲食起居要注意的地方；二是針灸，我會請病人到旁邊去坐，然後李保延和他的助手就會幫病人針灸。我認為第二個方法是最嚇人的，因為幾乎每個人真的都有被針灸到的感覺，包括我的父母、祖母、姐夫、姐姐、我自己、K老師以及無數的信徒。那段時間是一九九八年的夏天到一九九九年的春天，這段時間是我最忙碌的時候，信徒多到連我也不記得有哪些人求診過。雖然很忙、很累，但是心裡覺得很喜悅、很感恩，謝謝老天爺慈悲，讓那麼多世人得到上天的幫助。

在我的觀念裡面，我覺得一般所謂的「神明」大部分是高級的「靈體」，而不真是無所不能、有求必應的「神」，我覺得真正的神一定不會貪吃！不會被我燒的紙錢就收買了，所以這世界上一定有個「老天爺」，我不知道老天爺長什麼樣子？但我相信祂一定不需要我燒紙錢、獻水果，老天爺也不會管下一期六合彩開幾號？老天爺必定是高高遠遠地，把世界的一切看在眼裡，然後會給世間一切最公平的判決，不會多一點點、也不可能少一絲一毫！

剛入行在執行靈媒工作的方式，是由我所見到的影像去判斷求助者的身體狀況，有時並輔以與鬼魂的問話來解決問題。在這個時期由於資訊的來源為不同的鬼魂，無法掌握診斷的準確度，僅能以看到的景象作猜測，因此治療的成功與否是取決於求助者的主觀感受。此外，這樣的方式也無法判定求助者病痛的來源是鬼魂作祟抑或是其自身的生理因素。後來由於李保延可以更清楚、不費力地看見信眾身上是否藏有鬼魂，我不必費力去與不同的鬼魂溝通，也不會擔心被鬼欺騙而做了錯誤的判斷，因此在與李保延的合作之下，可以很精確地掌握信眾的身體狀態，也提高了看診的效率。

還有一個重要因素是李保延本身有中醫知識，可以同時治療信眾身上真正的疾病，雙管齊下後，治療就有成效。這樣兼顧生理與心理的助人方式自然吸引了眾多信徒，使我認為這是個濟世救人的工作，並認為擔任這樣的翻譯工作是我此生的任務與目的，讓我過度認同靈媒工作。信眾的逢迎稱讚與尊敬使我非常喜愛這個工作，也讓我深陷靈媒工作中。

合作無間

李保延看起來不過是三十不到的人，我和他很談得來，也充分地信任他。他看病果然有一套！我讓信徒先坐在一旁，由他和助手們去把脈，約莫十分鐘後信徒就可以來跟我取藥單了，當然是由李保延跟我說，我照著寫下藥材。

我寫的東西，自己可是一點都看不懂，三不五時還得要李保延幫我糾正錯字。所開的藥方多半是簡單的常用藥材，通常是六到十多味，後來我們甚至有合作的中藥行。不過開藥是少數，因為擔心違反醫藥法，我多半會請李保延盡量開一些「食補」類的食材。

不過，最神奇的莫過於針灸了！在我開完藥方後，會請信徒到特定區域坐著，然後我請李保延和他的助手們進行針灸，我們道場興旺之處就在於明明你只是坐著，卻隱約覺得有被人針灸的感覺。不過疼痛的程度會因人而異，我本人也讓李保延針灸過，果然感覺跟真的一樣，只是沒有那麼痛就是了。

Ｋ老師有白內障的毛病頗感困擾，一日在道場對神尊說道：「祢們這裡有誰可以幫我？不然我這眼睛有病祢們都不幫忙，拜祢們哪有什麼用？還是我去開刀算了？」接著他就回家去了。不久之後換我去道場，李保延過來跟我說：「我可以幫Ｋ老師治療白內障，不必去開刀。」我就這樣向信徒轉述，見到這件事情的信徒也挺驚訝的！因為我之前絲毫不知道Ｋ老師在煩惱白內障之事，對於他向神尊要求幫忙治療也一無所知，後來李保延花了不少時間也的確醫好了Ｋ老師的白內障，每天睡前Ｋ老師常有被針灸或敷草藥的感覺，隔天起來眼睛分泌物多到睜不開，一段時間後幾乎痊癒了，李保延大哥果真是有兩把刷子。

鐵齒的姊夫也嚇到深信不疑

我姊夫聽了道場的信眾們談論針灸的神奇，他不相信有這麼扯的事情，當時的道場有兩處，一處是在台北市中山區，另一處是K老師的住家樓下（姊夫家在樓上），兩邊營業時間不一樣。我便跟姊夫說：「好，你等著，你儘管去睡，等李大哥（李保延）這邊忙完，我請他過去讓你看看是真是假。」後來請李大哥上樓，沒有十分鐘我就聽到倉皇的下樓聲音，正是我姊夫！他說，他信了！雖然道歉了，但是當晚不敢再上樓睡覺[2]。

這段時間我真的忙壞了，當時我才剛上大學，只好把上學當副業，因為，我看書的時間遠遠不及打坐與替人看病的時間。不過這段過程中也不是全然愉快，因為不免也要面對人的衝突與私心，總是會有人一味求李保延的幫忙而自己卻什麼都不肯改變，例如：每次都求保生大帝給立即見效的藥，但是從來沒有去抓藥。在信徒每天大排長龍的時候，遇見這種人最深感無奈。於是在一九九九年春天，李保延留下一則詩篇，讓我省悟很多事情：

聞苦四方無藥治，醫字何意人不知，
世人只求口中藥，藥到病除亦傷身；
病體醫前先知因，豈解保生為何意，

---

[2] 撰寫此文時與我姊夫求證核對，不過我姊夫堅稱他才是李保延第一個病人，是在家中的夢境見到一位年輕人說要幫他治療，眾人說那就是保生大帝，從此才開啟保生大帝醫藥事業。這與我的記憶有些出入，很難考證。

人體本是精氣神，金木水火土互生；
五行調和為表因，此為病痛藥可治，
世人為何病無藥？不解無形在自身；
人體精神本是陽，無形亂人是為陰，
陰陽兩氣在一身，不可調和病之因；
無形善心本助人，善惡之分由自己，
自己結惡不可赦，天有公理地為證；
我乃接有天之令，求我之前求自己，
自己病痛為何因？莫要為難保生意。

根據我的理解，前面六句要人們體悟所謂的治病不該是一味地求藥，妄想一夕間即可康復，務必先瞭解病因病源；接著後面十句則是另一組，說明人體的構成與運行，疾病是因為調和不當所引起，若在調和得宜的前提下還會生病，就可能是「無形的東西」擾亂身體了！最後八句則是說：這些無形病痛在身上也不完全沒有原因的，或許對人還可能是好的考驗，端賴人們怎麼去經營和解讀，凡事先反躬自省，少在那邊為難「神明」了！

其中對我特別有意義的有兩點：這整篇讓我體認到，先別氣急敗壞幫人驅鬼，而該先思考到底人們身上的鬼該怎麼處理？這應該是當事人的因果，我何德何能可以去介入？再者說到「人體精神本是陽，無形亂人是為陰」，這應該就是我越當靈媒、身體卻越虛的原因了？當我在「辦事」之時，身體硬朗，可是一離開道場沒多久，身體常又冷、又虛，想必是「身體借鬼用」所使然吧？現在的我，在棒球與空手道的維護之下，壯得跟頭牛一樣！

我和李保延產生了很特殊的情誼，在相處的那段時間內，雖然我不能觸碰到他的身體，他卻能觸碰到我的心靈，我很喜歡當他的翻譯，與他一起幫助生病的人，對於我心底快樂的、不快樂的事情，都可以一股腦兒向他傾訴，與我比起來他很寡言，就只是看著我，偶爾笑一笑、或者點頭、或者搖頭。他總是在我的身旁，忙著整理他無形的醫療器材，我猜是藥材和針灸器具吧？因為在我眼中只看得到木質大箱子，還有指揮他那一群靈團隊助手。

和他在一起很有安全感，久了就產生感情，他沒在身邊就不習慣，當時，我真的以為他會陪我一輩子。

第四章　光怪陸離的靈媒生活

當靈媒有許多享受，大概就是像大家所看見的表象：一堆人莫名其妙尊敬我、什麼事情都想要問我、想要得到我的讚許與目光、出門總有好車代步、山珍海味更不用說了、禮物也會收到手軟，還遇過家長帶著明天有重要考試的小孩跟我握手，我順應民情跟那位高中生握手、還「附贈」摸頭和祝福，因為我深知那種焦慮：明天我也有個隨堂考試啊！天知道，我居然還在這裡盤腿握手！我當然跟他父母說，明天要考試，早點讓孩子回家休息，以後別這樣了。其實，也是在說我自己的心聲。

我去過許多地方，多半是受託去看風水和驅鬼，當然還有處理喪事。有些人過世之後，來不及交代後事，或是家屬想知道後事辦得滿不滿意，此時我就要出動啦！這種事情真累人，雖然跑過許多地方，不過我通常事情處理完就離開，頂多用一餐飯，所以沒能來得及觀賞各地風景，只能帶著喪家給的一堆土產就當成是去過那裡了。

當靈媒帶來的虛榮實在不容易割捨，對我而言根本就是不勞而獲，總有人會說：「家裡有這種小孩真好！」、「妳都不用讀書也不怕失業！」記得我大學畢業後被老師留在系上當助教，一個月四萬多元的薪水要老老實實朝九晚五地上下班，這是我選擇不當靈媒很重要扎實的「經濟基礎與後盾」，道場的人便說：「妳只要晚上和週末回來通靈就好，我們給妳一樣的薪水，收到的紅包也算妳的！」

拒絕金錢是一回事，拒絕虛榮又是另外一回事。在學校、現實生活中，我不是鎂光燈下的焦點，如果作業沒交、上課講話是要被處罰的！但是在道場裡面，有人幫我倒水、坐車有司機還有人開門、想吃什麼立即有人買過來，就好像有個神燈一樣，想要什麼都可以得到，當然這是有前提的——「你必須要通得準！」

通不準、不能幫信徒解決問題的靈媒，就跟流浪狗差不多吧？所以必須不斷地「修練」，找更強的「神」來附身，有時候會覺得自己也像個神、法力無邊，有時候會覺得力不從心、生不如死，在情緒與自尊一下高漲、一下低落的劇烈擺盪下，許多靈媒變得很易怒、情緒化，差不多接近精神分裂症了！

修練一有差池的靈媒——通常被稱為走火入魔，差不多就是有精神疾病，過氣的靈媒也會因為失去光環受不了落差而有情緒障礙，就算想要恢復正常的生活也不容易，靈媒太習慣「被人尊敬」，一般程度的應對進退都會被靈媒視作：「你看不起我」，更別提別人稍有不同意見或質疑。這樣該如何回歸主流社會與人相處呢？而連鬼都不想利用的身體就像個空殼，只留下一身病痛。

所以我很快就認清「靈媒」不會是我的職涯規劃，這行業不繳稅、收現金自然沒有勞健保，工作意外和傷害的機率又特別高，從小看到這麼多的靈媒從意氣風發到一蹶不振，我的家人跟我說：「妳就做這一行吧！妳看，賺錢多容易！」我說：「你先告訴我一個例子，有哪個靈媒過得快樂、直到善終的？只要一個例子就好！」

學生靈媒的日子怎麼過？幾乎每天下課後，用完餐七、八點就得到道場報到，先打坐練功，有時候問診的信眾很多，連打坐的時間都沒有，就直接辦事，常常忙到凌晨一點才能回家休息，回到家就趕緊睡覺，因為隔天六點要起床上學。功課呢？只能利用早自習、午休和下課時間寫，所幸功課沒有落後太多，一直到研究所我都選擇公立學校就讀。

有時候遇到人命關天的事件，常常凌晨也要處理事情，真是令我厭惡透頂，我受夠了沒有私人的時間、不能和朋友一起玩、不能大聲笑、不能有婚姻、必須像供桌上的木頭神像，我討厭每天花一堆時間去打坐只為了讓通靈更準確、法力更神奇。當然，讓我更看不過去的是那種「有錢是大爺的文化」，如果是真神，會勢利眼嗎？

到了一座道場、寺廟或是教堂，你是否曾有被現場氣氛震懾住的經驗？連發問都不敢？舉止小心、見神就拜，看到那些靈媒、老師的鞠躬打揖是為了什麼？為了氣氛？還是那位老師、靈媒真的有點學問？唉，靈媒也是要吃喝拉撒睡的。有時候，信徒不會只請一位靈媒或老師辦事，我們在道場混大的多少也認識其他靈媒，我在此處不方便說出姓名和私事，也不代表宗教界多混人，不過大家得要想想，穿上華麗衣衫與壯麗居所不代表他比較有學問或是德行更好，許多市井小民更是臥虎藏龍！

如果是真理，是禁得起考驗的，電視節目裡面說的話全都合理嗎？不拜拜的人難道都很可憐、不順遂嗎？外國人怎麼辦？怎麼我看靈異節目中生活悲慘的人，都是家裡拜一堆的？

約莫十多歲當我還是「小角色」時，有「大靈媒」看到我說：「妳是某某下凡的，應該要怎麼修又怎麼修！」然後把我叫去另一房間或角落說：「妹妹、妳幫我看一下，我某處狀況如何？」有沒有搞錯啊？現在是誰在幫誰看？當然他們也有一套說法：「我在試妹妹的功力、我在教妹妹怎麼修行。」

此處有個令我挺難過的案例：我曾遇過一個大靈媒，他可以一年三百六十五天只穿單薄的汗衫，理由是「神功護體」，他要我跟著他修練，我看看他身旁的「神明」——所謂的武娘，好意提醒他幾句之後就忘記這件事情了。幾年前我突然接到一通電話，問我可否去加護病房看一位病人？我說：「我早就退休了，怎麼會找我？」電話那頭說：「因為某年妳曾經跟他說，現在身強體壯不怕冷是這個女鬼武娘護著，等過了N年，它就會要了你的命！換個神修吧！」所以家屬急著找我。雖然我早已忘記這件事情，聽完後我還是很難過，但也只能說：「都插管了，我無能為力。」

這些事情總是會在我身旁發生，我就是不懂為什麼人們總是講不聽？我們看不見鬼神，憑什麼以為我們能夠「控制」它們？三不五時就會有朋友問我當靈媒的事情，當然包含許多覺得自己有這方面感應，然後考慮入行的人，所以我才寫下這本書！一樣的話我每三天要重複一次，對我來說太折磨了。不知道為什麼，每次聽到有後進考慮要當靈媒，特別是已經看過我文章的人，還說出這種話，我心中就會有一把火升上來，難道我寫得不夠露骨嗎？要貼上我的遺照才會甘願相信這條路不好走嗎？好、好、好，沒關係，我就再次掀開傷口，把我血淋淋的悲慘靈媒生活過往再寫一次！

聽到有人想成為靈媒那些話會有點火氣，因為其中很多是自己的投射。正因為生命、時間不能重來，對於那些錯過的童年和學生生活，我感到很遺憾甚至有些憤怒，特別當我想通，原來當靈媒只是迎合滿足其他人的慾望，就覺得為什麼我是為別人而活？他們關心我的生命嗎？不！他們只關心六合彩開幾號？

自己病痛吃什麼能好？中邪怎麼處理？考試考得怎麼樣？未來運勢如何？

但是我呢？信徒不關心我必須每天晚餐後就要打坐練功，他們不關心幫人看病到凌晨兩點的我累不累？不關心我早上六點半就要起床，因為要趕著去學校寫昨天就該寫好的功課！還得在別人玩耍的下課、午休時間繼續寫功課；我不能告訴樂團為什麼超過時間不能留下來練習、不能跟朋友出去玩！信徒只關心我說得準不準、能不能立刻解決他們的問題，所以當他們跪在面前時，我會很清楚知道：他們根本不關心我！

曾經我很後悔為什麼要跟大人說我看得到！的確我有時候看到鬼，但並不代表我能預知未來或者有超能力！小時候我只是「好心」，想說有往生者遺言沒有說清楚，去幫忙傳個話！看人中邪生病很難過，就「好心」幫忙拜託鬼離開罷了！可是後來為什麼會變質？為什麼我必須成天擔心鬼世界的火拚、成人的利益恩怨還有被放符法的危險？

我哭過！我還曾經哭著對大人說：「我看不到！其實我看不到！以前我都是騙你們的！」然後大人會給我一天假，告訴我這是幫助人！我在大學時遇到心儀的男生約我出去玩，結果我只能晃點他，因為我不敢讓他知道我當時的「職業」。當我透露想要結婚生子的想法時，道場的人說：「妳這種人不當靈媒能做什麼？」

有時候不得不去騙人，別人相信我可以解決他們的問題，相信挪挪桌椅床頭就可以讓婚姻幸福、事業成功，喝喝符水可以讓精神或癌症病患痊癒，這些把戲我都會，但是很多時候都是在騙人！大人要我說把鬼制了、趕走了，但我沒說的是，我只能把鬼「請」走七天、十天，過一陣子你可能還得再來花錢。明明我看到的就是鬼，偏要我說是觀世音菩薩、關聖帝君……我睡不好、因為我在騙人，我知道這些以後都會有報應的！

正如同「李保延」所言，大部分的疾病乃是因為個人生活調養不慎所致，並非都是鬼魂作祟，自己的生活方式不健康，若還不生病才是「不自然」吧？事實上，當我們身心保持健康時，根本無懼於魑魅魍魎，它們躲人都來不及了、怎麼會是我們怕它們呢？晚上不準備上床睡覺，卻窩在香煙裊裊空氣不通的神壇，整天跟鬼神處在一起，拜託！身上不卡鬼才奇怪吧？

我也是歷經反反覆覆，才痛下決心不當靈媒的！當靈媒賺錢很容易，不收錢也有一堆東西可以拿，只要敢開口就有人敢給，還得到很多人的尊敬，讓你忘記自己有幾斤幾兩重，覺得自己很重要，等離開了道場，才發現大家根本不甩你！這中間的落差該怎麼調適？忍字頭上果真是一把刀。我花了一段時間才發現自嘲的快樂，才發現自我肯定是自己給的、與別人無關，也不是從身分地位來的，別人要不要尊重我是他的事情，我快樂就好。

我時常在想，如果我小時候隱藏能力該有多好？如果可以讓我像正常小孩一樣讀書寫功課，我的課業成績肯定會更好！當我高中考上美國交換學生，我應該出國的、而不是留在台灣跟鬼混在一起。這些念頭不斷出現，雖然還不至於得到憂鬱症，但也夠我受了。剛進大學時被教授說：「我們系好像進來一個病患，很像僵直型精神分裂症。」這到底是什麼生活啊？後來我發現我沒有病！有病的是找我這個僵直型精神分裂症患者來看病算命的人！靈媒的生活不是只有光鮮亮麗的。

到底是瘋子還是鬼附身

以前在道場偶爾會遇到怪案例，以當時還是學生的年紀，要應付起來，說實在的，光是身在現場就夠驚嚇的，別忘了當時我才幾歲？再加上旁邊一堆人一直問我該怎麼辦？我只想要回家啊！有些類似精神病患的案例，處理的時候一定要家屬在場，要不然過程很激烈，出了事情真是跳到黃河都洗不清了。

有些案例我到現在都還無法解釋，例如平躺的人，會突然以九十度彈起的方式「坐起來」！沒有任何支撐，那種角度和速度，真的跟鬼片很像，只是鬼片是躺的變成直接站著，我只有見過躺著變成直接坐著，不過那一幕還是很嚇人，現在回想起來仍會怕怕的，還記得當時我只想往門口移動，只可惜在那個場面下不能偷溜。

還見過很多是被動物靈附身的，曾遇到一個人身上被好多種動物附身，搞得場面好像是去上演員訓練班，發作起來，又像老虎、像蜘蛛、像狗、像貓的，而且被附身的人往往力氣很大，六個大男人拉著一個女生，鏖戰一、兩個小時下來，輪番上陣的男生都累趴了，但是那位女生還是有力氣撲來撲去，我想她接下來一定會腰痠背痛三、四天吧？

我有遇過在公車上忽然發作的人，一直對我胡言亂語，但我聽不懂在講什麼。也遇過我聽得懂的胡言亂語，最常發生的就是三太子過來說我是九天玄女，老朋友凡間相遇了，碰到這麼感人的場面該怎麼處理呢？我會哄哄他，問他是不是沒有吃糖果？然後跟家屬要精神分裂症的藥給他吃，當然要跟當事人說這是九天玄女賜的七七四十九天、太上老君與濟公活佛首度跨部門合作新品牌精煉仙丹，加上紫竹觀音新研發鴛鴦大悲水（因為開水冷了，我幫他加點熱水，溫開水吞服比較不傷胃），然後提醒家屬要讓他按時服藥。

如果是沒有就醫紀錄的，只好跟他唬濫下去，跟他一起仙界話家常，像我就常常說：「上次跟靈寶仙尊下圍棋，你插賭還沒有還我錢耶！」不過這句話不能常用，因為道場的大人和家屬看起來都很不爽，只有我笑得出來。但是，除了幽默一下，我又能怎樣呢？

那時候，我才十多歲，沒受過妥善的訓練，光是要面對一位神志不清的人，已經夠可怕，一堆人又在看著、認定我應該知道怎麼做，那就更可怕了，但最可怕的是，那裡營造著一種氣氛，好像在那裡燒燒金紙、喝喝符水就會康復，根本是玩弄家屬的希望！我承認有些失常的行為可能是因為附身，把鬼趕走了就可以暫時康復，但是，事情往往沒有那麼簡單，難道感冒一服藥就會立即見效嗎？總是要有復原的時間，更何況，很多人是真的生病了呀！

靈媒也是會害怕的

學生靈媒的生活充滿著無奈，學校考試之前會先授課，比賽之前會先練習，可是我沒有充分的訊息或適當的訓練，只不過是因為能夠看到鬼，就被推到神案前面當靈媒，身在那個位置上被理直氣壯期待什麼都要懂：得要懂算命、通風水、擅祭改，什麼都要會，人家孔明至少都有「習天書、學兵法」才能辦事猶如反掌，我只不過是能當個靈界翻譯，卻被期待成為神明的代言人。

最常面對的服務個案不是病就是死，大人不管當時的我才幾歲，有沒有受過訓練，就得站在病人和亡者大體面前，一個人不管生前長得多帥多美，重病和死亡之後沒有一個好看的，特別是人死之後的臭皮囊，眼窩、嘴巴附近組織會變黑、變爛，皮膚整個變得灰灰腫腫，還會有液體流出來，倘若看到時間放久了或者意外身亡的遺體，當天和之後幾天就算再餓也不會有胃口。

我只是想試著幫亡者傳遞訊息，這與死後的遺體無關，偏偏許多家屬希望我能再看看亡者遺體，好像這樣比較能夠溝通得上，可是對我的工作來說並沒有幫助。我不怕見鬼，看到屍體反而會不由自主地感到害怕，這也不是看久了就能習慣的。我只是想提供點幫助，但是副作用未必是我能負擔得起的。

眾人對我通靈能力過高的期待，也讓我感到苦不堪言，或許某人是真的生病而不是卡陰，或許生意失敗是個人能力而非風水，但是大家總是期待能以拜拜、祭改、作法解決一切！當我如實說出所見所聞並表達事實就是如此，還會被認為只是耍性子不想幫忙，我哪裡是不願意幫忙，而是真的無能為力，教我情何以堪啊？

每次在道場就得面對形勢比人強的無奈，明明我就沒這麼厲害，可是繪聲繪影的八卦、加油添醋的成功個案，搞得好像只要我一出手就會藥到病除、天下太平，可是我並沒有這樣的本事，時間越久、看的個案越多，就覺得這一切都是注定：「我只是在恰巧的時間幫忙轉達意見，能否有實質幫助，端在案主個人的造化。」也就是說，那個人遇到的困難、經歷的過程、最後終獲成功，都是靠個人的努力與福報，我只不過是轉達意見參考。

不過道場不容靈媒吐實，就算無能為力也得把話包裝一下再出口，例如：天機不可洩漏、神明的考試等等，說佛考也行、魔考也對，很多時間我感到很納悶，既然大家都知道修行靠個人，何以還要寄託於金紙和符水？可是此話一出我在道場反成為異類，這種理論不只不受歡迎也不被允許，所以我得學著說場面話或者把嘴閉上。

但是不管是場面話或是閉嘴，都讓我很害怕。前者是說謊者、後者則是幫兇，我非常擔憂會有報應。明明就是精神疾病或者重病，患者應該送給醫師治療，而不是立個牌位燒紙錢拜高香就能痊癒，倘若我不積極勸說家屬應送醫治療，這延誤就醫的罪過豈能逃開？再者人們總覺得紙錢燒越多越好，能消災解厄、度化冤親債主，事實上依據我的經驗，不但沒有幫助，還可能招致反效果。就像是否出版本書的掙扎一樣，我害怕噤不作聲、沒適時挺身而出也會有報應。

道場神壇不只有複雜的靈也會有複雜的人，處理這些靈界風雲夠我心煩了，更糟的是人的是非，靈媒在道場中有至高的權力，自然成為眾信徒巴結的對象，而靈媒寵愛的信徒也會成為道場中的紅人，有權力就能轉換為利益，或者只是滿足名聲上的驕傲，處理這些是非對錯的功課，對十幾歲的我實在太沉重，事實上就算現在也未必能處理得好，因此就算我無心傷人，卻總是會有人、有鬼受到傷害，對此至今我仍深感抱歉，對於處理靈界或人間諸事，現在我仍感戒慎恐懼。靈媒是人不是神，會有七情六慾、也會犯錯，當然更會害怕。

為什麼要怕鬼？

一般人的印象總是覺得「鬼」是有法力的、行蹤飄忽、甚至會影響人的禍福，看著電視電影中報仇的女鬼們，的確壞事不能做啊！可是這些鬼真可以來去自如、法力無邊、預知未來嗎？我必須說，上述的這些鬼應該都是屬於它們的精英階層，大部分的鬼雖然有些能力，但大多笨了點！

每次當我這樣說時，就會有一堆人教訓我：「那是因為妳通到的只是低等靈，所以眼界才會這麼狹隘。」是的，我承認我連宇宙中一粒沙的智慧都不大清楚，可是，那些高等靈為什麼會來干涉丈夫的外遇？生意人的事業？學生的指考？若真是高等靈，為什麼會來打擾人間、找我們尋常百姓的麻煩呢？既然我們大多數人看不到它們，何不就各自過著安生日子就好？

如果那些鬼真的都像電視、電影演的厲害，我們還能活嗎？如果電視演的有三分之一是真的，大概台灣有一半以上的人搶著移民吧？沒這回事！何必搞得我們台灣好像四處有鬼、無地不神的，難道以後我們觀光局拍的形象廣告要加一段：「想體驗神鬼接觸？請造訪台灣！您想見面的神、我們這裡統統有」嗎？對了，廣告下面一定要有一排小小字體的警語：「本專案採預約制，且依個人緣分天資不同，不保證一定能見到您心儀的神明，敬請及早預約。」會去神壇的就是那些人，不去的還是不去，沒必要把電視裡少部分人的經驗當成是普世價值，要不然古人幹麼說「鬼話連篇」？以我交了一堆鬼朋友的經驗，就屬這句話最貼切。

這些鬼魂就只愛出一張嘴，到處騙吃騙喝，騙法大致上就是說自己有多高強、是什麼神明啊！要不然就是威嚇，如果你不供養它，你就會說多倒楣就多倒楣。拜託！倒楣的應該是它們吧？至少我們都不會餓死，哪像它們需要沿街乞討吃的供品和香火，混成這樣還敢說自己行情多好？

所以，有些人生病是因為身上「卡到陰」，我辦事的方法就是跟那個信徒身上的鬼談判，問它要不要出來，有點本事的，我還包吃包住，招安當神壇的「員工」！不然的話，就請K老師「超度」嘍，說超度是好聽，其實就是給它們一些盤纏，燒一些金紙，然後大家一二三喊「散」！各取所需、心照不宣。這樣的「超度」方式是比較乾脆俐落，大家作鳥獸散。

我看過有些地方是把鬼蒐集在自己的宮廟內，為解決信徒卡陰的問題，「老師」或乩童把鬼趕出來，那些鬼沒地方去就留在宮廟中，而宮廟也要時常「普渡」、「犒軍」等，其實這樣對彼此的身體都不好，因為我們人和鬼的磁場是不一樣的，甚至可以說是相衝，所以即便它們不想傷害我們，可光是跟我們人類在一起就是一種傷害了！而且它們的能量會讓我們身體不舒服。我常常勸那些不會遣散鬼魂的靈媒要小心，不過，通常靈媒都會宣稱他們接有「天命」！所以他們會超度、鬼怕他們、傷害不到他們……等等。好、好、好，你們說什麼都好。

唉！其實靈媒的身體都不太好，要不然就是之前身體都很好，等哪天不作靈媒了，就算不住院也要中風，反正什麼病都會有。不過這是一般信眾所看不見的，我真的不懂為什麼我們人類要去招惹它們？

總之，有些神壇宮廟會幫信徒「祭改」，有鬼就賄賂它，燒些紙錢，沒鬼也是一定要若有其事地改一改，有效、沒效就看個人啦！其實很多都是心理作用。奉勸大家，別把錢這樣花！人家可是印金紙跟你換現金耶！

到底在拜什麼？

道場裡面會供奉一些塑像，像是保生大帝、土地公、三太子和玄天上帝等等，聽名字就知道這些神的功能吧！所以這些塑像基本上就是反映著人類的欲求，想要治病、想要趕鬼除煞或是求財解惑等等，以人性來看也是無可厚非啦！特別是沒有信仰的人，去求個平安也罷，但是大家有沒有思考過裡面住的到底是「什麼」呢？

我時常在想為什麼神需要我們燒金紙？需要供品？需要燒香？那神又為什麼要幫助大眾？不拜拜的外國人怎麼辦？為什麼神不能每次都靈驗？為什麼聽說材質好的神像神力就比較好？難道神會比較庇佑有錢人只因為他們有更多錢去買供品、燒金紙和塑造更好材質的神像嗎？拜拜到底是在拜什麼？

我記得曾有位外國友人找我陪他去拜拜，他依照旅遊手冊按圖索驥，書上說關聖帝君是「管愛情」的，所以他想要去求一求。天啊！這真是頭一回聽過，我提醒他：「你確定嗎？我看故事書裡面說關聖帝君終生未娶、也好像沒交過女朋友，你確定要去跟祂求愛情嗎？」此話一出我朋友不免抱怨旅遊指南，不過或許若我沒跟他提起，他還是會相信那對愛情是有幫助的吧？其實拜拜發生作用很多是因為「願力」所產生，佛教不就說：「業力不敵願力」。或許關鍵因素不是金紙多寡，而是在於心力大小。

台灣三天兩頭在辦超度法會，那世界上為何還有那麼多孤魂野鬼？閱讀史料之後才明白，原來「人死為鬼」的概念是在商、周兩朝才「興起」，紙錢更是唐朝以後才發明，超度則是佛教傳入之後跟道教混合的結果，哇！如果人死真的是鬼、而且還需要一堆紙錢和紙信用卡，那我們晚死的人真是幸福啊！因為紙錢的面額總越燒越大，美金、支票與股票都不會缺。

之前我都在想這些問題，在幫信徒處理喪事也引發我許多疑問，因為很多時候我到了喪家卻找不到亡者的靈魂，還會有很多白目的鬼來跟我說它就是亡者，拜託，逝者是位男的老人家、妳可是年輕的女鬼耶！要冒充身分也不先化妝一下！所以每次處理喪事第一件事就是要「正名」，先確定該亡靈是不是就是當事人，要先跟家屬確認一些私人的資料，例如有幾個小孩、錢藏在哪裡或是愛吃什麼？不過，並不是每次都能找到亡魂，根據我個人的經驗，通常在三天內還能找到死者的靈魂，頂多拖到七天，最快的一死掉沒多久就不見鬼影，這就是為什麼我每次趕喪事都要如救火般地十萬火急。

打從當靈媒開始，總是希望大家不要迷信，但是我發現在道場那種氣氛下，根本無法教大家不要迷信、甚至不要相信我，大家總會依循習慣，這讓我加深了不當靈媒的決心，因為我本意是想幫助人，卻把人帶去迷信的死胡同！真是大罪啊！真的很想盡自己的棉薄之力，讓世人少點迷信也好，可是這談何容易呢？許多事根本不是我努力就能有所改變的。

因信徒而起的喜與悲

當靈媒會因為信徒的狀況產生悲喜心，喜的部分當然就是因為信徒從靈媒那邊得到幫助，因為保生大帝或是土地公、玄天上帝的指點迷津，讓信徒恢復了健康或是作了比較好的決定，然後滿心歡喜地來道謝，這是我最開心的時刻，也是一直讓我放不下這身分的原因，我總是覺得能幫一個是一個。

有時候我不需要動用到通靈的能力也能解決事情，特別是處理家庭糾紛，因為靈媒所說的話總是會有影響力，而家庭糾紛往往就是兩方在認知上的誤差所引起，然後雙方互相指責，這時候我就會出面當「公親」！其實就是要大家不要互相指責，有時候也會說說白色謊言，跟雙方說是因為風水、祖先牌位的問題所造成，讓雙方有個台階下，一起把過錯怪到看不見的鬼神、風水和祖先。

是啊！所以有很多人說民間信仰的靈媒其實是心理輔導員，洞悉人性的需求，我也是因為這個原因選擇就讀社會工作系，因為我認定兩者都是助人的行業，希望藉此相輔相成，道場裡大部分的人都贊成，雖然也會有聲音認為我根本不需要繼續讀書，不過我一直很清楚這能力是老天爺給的，祂當然隨時有收回去的權力，所以不應該有依戀，一定要去讀大學、有一技之長，我很慶幸當初的決定是對的，總之，大學教育雖是為了當靈媒、作更好的助人者所讀的，卻也變成我決定不當靈媒的原因與本錢。

我的挫折忍受度很低，失誤和失敗都不是我輕易可以放下的，所以，面對我幫不了的信徒，真的恨不得幫信徒擔下罪業、解除他們的痛苦。我也見過許多慘事：只相信拜拜和法術而不認真經營公司、為了拜拜與家庭口角失和，畢竟整天打坐或是攪和在道場聊天，一定會犧牲與家人相處的時間和品質。當然，靠著神明指示作決定，當一個人很無助的時候會是一盞明燈，但是變成依賴的時候反而會降低一個人的「判斷力與思考能力」，當一個人凡事都要仰賴靈媒指示或抽籤時，那他為自己負責任的意識、他自己做決定與承擔的能力都會慢慢衰退。雖然也有不沉迷的人，但是大部分人是迷信的，拜這間廟不準換別間、命盤是一個算命師換過一個，看著人們這樣入迷，我的心真的好痛，原本是想幫忙，但是長時間看來是我害了他們，我就算不是兇手也是幫兇。

還有令人痛心的悲劇，信神明而不相信醫學，因此丟了性命。有件事不是發生在我手上、是在別的神壇，一位母親極為迷信，讀國中的獨生女都已經確定是血癌卻不讓她就醫，只肯讓她聽神棍的喝符水、吃毛豆皮和品客洋芋片，這是實實在在的悲劇，那孩子最後當然在短時間內就病逝了。還有人認為讓我看了之後就不需要再去醫院作檢查，我怎麼能負擔這樣的責任？在我手上到底有沒有人因延誤就醫而受傷害，我真的不敢保證，雖然沒有人因此死亡，但一想到他們也許會受到傷害，就常讓我輾轉難眠。

以我認識其他靈媒的經驗，相信我，他們絕對、肯定沒有各位聰明，但肯定是有一項比人強：「他們很敢講！」我也有認識讓我非常佩服的宗教人士，例如法鼓山的聖嚴法師，他們最大的特點就是「絕不迷信」，教導人們必須有自己的智慧，然後「自力得救」！

如果您也體認到生命是無常與有限，不妨花點時間想想這個世界是怎麼回事？到底怎麼創造與運作的？您在其中又有什麼意義？鬼神的東西在台灣多半來自「聽說……」，感謝各位也「聽說」我的經驗與觀點，希望能列入您為生命作選擇的參考資料之一，然後您能展現自己的能力、為自己的生命負責，我相信光是這個思考的過程對每個人而言都是很好的經驗。

第五章　靈媒自己的看法

為親人做的最後一件事

學生靈媒最感意義的工作就是協助處理喪事，能讓死者發聲、生者安慰真的很有意義，不過案例多了就看出無奈，為什麼老要我犧牲假期去做這些你們本來就可以處理好的事情呢？既然死亡是每個人終究會面臨到的課題，何以不事先做好？小朋友都知道要寫完功課才能出去玩，怎麼大人不知道自己有功課還沒弄，就先走一步呢？

有人說：「怎麼可以直接問長輩？很犯忌諱！」當然不是要你直接問：「媽，妳死了之後屍體要怎麼處理？是要燒烤、土埋還是放水流？」此話一出、遺產處分肯定會刪除你的大名，你可以技巧性詢問，例如：「您覺得某親友後事這樣處理好嗎？火葬辦起來感覺也很莊嚴。」老人家的意見往往正是對自己身後事的意見。

我沒有親眼見過人死後會到哪裡。但知道死後那段時間很重要，就像人生邁向另一個階段，需要的是冷靜而非驚慌失措，親人的死亡當然心痛，可是在旁邊鬼哭神號或許會擾亂亡者的心智，就像已經找不到公車站牌很心煩，你還在一旁拉著衣角搗亂，燒紙錢更不是好主意，因為此舉會引來不少孤魂野鬼，這不就擺明了要推亡者入鬼坑嗎？請讓亡者好好上路，依照他生前功過，該往哪裡就到哪裡。

當人死亡之後，身體就只是一具屍體，基於尊重當然要好好對待，但也無須擔憂這身皮囊會有神奇的力量左右福禍，葬的穴位真能由人的精算達到理想嗎？中國哪個皇帝的墓穴不是精心安排？可是又有哪個朝代可以千秋萬世呢？既然前人這麼計較都這般下場了，我們這種沒財力物力的平民也不必想太多，所謂風水是因地球轉動產生有風又有水，既然地球一直在變動當然風水也隨之改變，今天的寶穴明日未必仍是，俗話說「福地福人居。」倘若有福之人自然會安居在有福之地，反之亦然。

基於這樣的體悟，多年以前我就簽署了器官捐贈卡，盼望死亡之後倘若器官仍可利用，可以幫助有需要的人，反正我死了之後器官不用也是爛掉，就像資源回收一樣，自己不需要的能給別人再利用，多麼一舉兩得的美事啊！心中還是會放不下嗎？看看死者的雙手，當死亡來臨的那一刻，有什麼放不下的都得放下了。

慎終追遠與嬰靈

以前時常公出的案例就是幫人看神像及祖先牌位，我小時候很喜歡鄉下三合院，有拜天公、祖先的味道，感覺一大家子和樂融融、很有凝聚力。可是現實上卻常覺得那是紛擾的來源，常聽到有人因為某忌日沒回去拜祖先被斥罵，到底要拜葷、拜素、拜幾道菜起爭執，是否燒香、燒金紙或者燒多少也都可以吵，也有老人家嫌子女拜祖先不夠盡心盡力，一邊上香、一邊嘴裡碎碎念：「我在的時候還按時拜，不知道我死了之後人家會不會這樣拜我們？」本來是凝聚家庭感情，此話一出難道一旁子女不心酸嗎？

工商業社會的現代，夫妻倆上有父母、下有子女，維持一個家庭生計已經很努力了，老人家這樣說話，不免有祭祖變調的感覺。緬懷祖先一定要拜拜嗎？台語俗諺說：「生時敬一粒豆，卡贏死後拜豬頭。」難道父母在世時不聞不問、態度惡劣，然後死後喪事場面浩大、照三餐供食念經會比較好？還是認真拜會有祖先保佑？

沒有先人就沒有我們，吃水果要拜樹頭，感謝祖先是一定要的，這是人之常情也是眾人皆知的大道理，可是不一定要用牌位和金紙來表達，外國人不立祖先牌位不代表數典忘祖，尊敬與懷念有很多種方式。設立牌位是一種形式，不該本末倒置，也不該把對祖先的懷念和祖先對我們的愛，變成一種恐懼。

時常會聽到案主問道：「我這麼不順遂，是不是祖先葬得有問題？」還有「祖先來討」的歸因說法，如果祖先自己混得不好還來找子孫的麻煩，這實在是太沒道理了，想想父母對我們的疼愛、我們對子女的掛心，祖先怎麼會來找我們的麻煩呢？這多半是鬼假冒祖先來討的啦，反正你又不能跟它驗身分證。

身為華人引以為傲的地方之一就是傳統文化，我覺得自己的文化很美並且引以為榮，一點都不覺得文化帶給我的會是恐懼，敬愛長者與祖先肯定是其中之一，所以下次有人說你的不順遂是因為祖先牌位，你應該回答：「我愛祖先、祖先愛我！」

搞定與長輩的關係後，我們來談談晚輩的，嬰靈也是道場的主治項目之一。一般所稱的嬰靈為「未出世而亡的小孩」，民間普遍認為嬰靈很糟糕，不但引起身體不好、家庭不睦，還會造成事業衰敗、血光之災，總之，聽起來很糟糕，電影又演得很恐怖，不處理怎麼行呢？遺憾的是，墮胎在現代社會並不稀罕，因此「妳有嬰靈」這句話，就像「你中了香港跑馬會第一特獎」一樣，容易變成神棍斂財的口號，反正亂槍打鳥，被唬到的就上鉤了。

個人對嬰靈的經驗，的確幾乎都是在女性身上看到而無例外，大概是因為小孩只認得媽媽吧？有嬰靈者普遍會有下肢水腫、心臟無力的狀況，走幾步路、爬幾步樓梯就氣喘吁吁，這情況隨著嬰靈數目越多、時間越長而惡化，或許也與嬰靈當時死亡的年紀大小有關，但我不太能判斷其中差異。確定的是：大家把家庭不睦、事業不順都怪在小孩子頭上，實在是太惡劣了！

處理的方法我目前還不知道什麼有效的法子，就算要我當翻譯，也真的很難處理。我曾經硬著頭皮幫人處理過，半年後對方又回來找我，我當然不記得，可還是看到有嬰靈纏身，道場的人很尷尬地小聲問我：「她上次就被妳說是嬰靈，有拜託妳超度，怎麼現在又是嬰靈？」吼～本來我就只是翻譯，誰跟你說我會超度了？

當然一定有人說他有超度的能力，但小心別落入誇大不實的陷阱中。大家有沒有一種經驗？就是身體不舒服去宮廟給人祭改超度，剛開始還真的有效果，可是過一陣子老毛病又犯了？我的經驗是因為那些鬼拿錢去度假，過一段時間又來找你提款啊！可是當人們第一次去宮廟有效，就會想再去第二次、第三次，而且時間會間隔越來越短，廟方就會給你以下說法：一、又卡到了；二、冤親債主；三、（永久有效的說辭）你就是要修行的命或你跟神（佛）有緣。我想，台灣真是全世界，靈媒密度最高的國家吧。

一般宮廟處理嬰靈少說要五萬元，收費高達十幾、二十萬的也很多，作法就是去燒很多很多的紙錢，真的就裝滿一整台小貨車喔！難怪我以前也曾想改行賣紙錢。現在因為佛教的影響，開始流行拜地藏王菩薩，嬰靈也要供奉牌位，一切如成人過世、行禮如儀。我沒有很深入去探討為什麼嬰靈都去地藏王菩薩那裡？因為祂慈悲入地獄嗎？還是祂個人也喜歡小孩？我想應該有其歷史文化因素，否則把小孩給未婚男子帶，不像是台灣人會想做的事情。希望以後有機會可以多探討箇中原因。

不過有嬰靈也別太緊張，嬰靈不一定都是來亂的，我就遇過「體貼版」：有對夫婦來找，我看見兩個嬰靈，哥哥約十七、八歲，妹妹約五、六歲，哥哥說：「我能體諒爸媽的苦衷，可是妹妹不行，老是作怪讓媽媽身體不好。」

轉述之後才知道，那對夫婦五、六年前確實掉了個孩子，而十七、八歲那個是不能說的祕密，因為當時兩人還沒有結婚，不小心有了之後、偷偷去拿掉的，白目的我居然都講出來了，好在那對夫婦也沒怪我，問我怎麼辦？我只能勸他們好好積德行善，對於做錯的事深切反省，看上天能否原諒嘍。

有個印象深刻的「溫馨版」。有個老婦車禍突然過世，家中子女掛念母親是否有遺言，所以我就出動了，那老婦交代一些事情後，也說自己對四歲的女兒很虧欠，沒盡到母親的責任、女兒就走了，現在女兒來接她，她很甘願也要好好與她在一起。

這案例有點不同，不是嬰靈而是小孩靈，不過以前在民間宮廟中，未出世死亡、剛出世死亡甚至幼童期死亡，都可以歸在嬰靈類。雖然這女孩之後的弟弟們都不知道有這個姐姐存在，好在這女孩還有個哥哥，印象中知道有位早夭的妹妹，因此讓活著的家屬稍稍寬心，不然媽媽突然車禍過世，誰能承受？

我很喜歡小孩子，就連小鬼們也挺喜歡的，有次深夜帶著姐姐兩個兒子去商店買東西，因為很晚了、所以店裡只有我們三人，結帳時店員對我說：「怎麼只有兩個弟弟？剛剛我看妳帶三個進來。」我只好回她：「喔，他先上車了。」看來我的小孩緣是橫跨陰陽兩界啊！

我不確定長多大以後墮胎的孩子會變成嬰靈，若就伊斯蘭的教導，胚胎在一百二十天後，真主就給了靈魂，在一百二十天後墮胎，就是犯了殺人罪。總而言之，大家要小心，除了安分守己之外，一定要為自己的行為負責，不要有產生嬰靈的機會，就不必不安於此。至於已經鬧出人命來的，首先別太緊張，因為不一定會有嬰靈跟著，若擔心有，也別病急亂投醫，大部分嬰靈不會危害人，別急著去宮廟道場超度，花冤枉錢，還不如多行善積德，把福報給小孩，之後不要再犯，比較實際。

算命與風水

每次只要想到「算命」或「風水」，我都有種馬上辭掉現在工作的衝動，因為這種錢實在太好賺了！以前覺得幫人看病、風水或喪事屬於公益活動，不應該收錢，可是台灣人實在是太熱情，小時候總有人拿著紅包往我身上塞，嘴裡唸著：「水洗啦、水洗的啦！」我一直都很納悶，是不是因為大人覺得我衣服弄髒要洗？可是不管有沒有幫他辦事我每天都會洗澡洗衣服，這跟「水洗」或「乾洗」有什麼關係啊？

這個問題我一直放在心裡，不過我不敢問大人，因為都是大家問我、怎麼會是我問他們？這樣會失去權威的，而且就算這個問題沒有解答，紅包一樣照領。直到很久以後我參加佛教活動才恍然大悟：「那叫作『隨喜』啦！」

老實說算命或風水以前壓根都不懂，拜託~我只不過是看到鬼，這跟預知未來有什麼關係？不過廟宇神壇為了要維持競爭力，這類服務還是不能少，不懂也要裝懂、不然怎麼出來混？可是我又沒有師父、也沒有人可以問，只好拿出本能：問鬼嘍！

就算命或問事來說，我的方法就是問身旁的鬼，反正它說什麼我就照翻，準確度絕對不掛保證，本來我想說這種蠢事一定沒人相信，但是不知道是我這樣想太蠢還是他人更蠢，就還是有人要問我。後來我想，大概是因為大家都覺得我很厲害，所以很容易穿鑿附會，就像是科學說犀牛角成分不會壯陽，但是大家仍然相信所以變成安慰劑，犀牛就很倒楣地因為角長成那樣而瀕臨絕種了。

每當接近考試旺季一定會有人詢問我怎麼拜拜？我不是很會讀書的學生，不過一路都唸公立學校，以我考上第二間不同性質國立研究所的經驗告訴大家：「我考試都沒在算命或拜拜。」考試上榜的步驟是：之前要讀書、當天要帶准考證和文具準時到考，然後努力把各題盡力寫完，還有時間就再檢查一下答案，以上報告完畢。

至於在不景氣的年代要怎麼保住飯碗呢？小的我分享自己的經驗，我也從來沒算命拜拜過，只有大學畢業，工作一、二年後與大學死黨們去算過一次紫微斗數。因為我的工作一向還算順利，訣竅不是在於把命盤給老闆看，而是平常老闆叫我做什麼、我就很努力完成，做錯事就道歉、不會做就先問，附帶不要講同事的壞話，截至目前為止，老闆都沒有開除我的意思。

時常會聽到「時不我予」或「犯小人」，人們問我怎麼辦？我覺得不需要檢查命盤就可以解決：心情很不爽時跟朋友罵一罵，寫下來也可以，然後就是嘴巴閉上把眼前工作做好。

算命因為是一種統計學，所以有某種程度的準確度，不過那是針對過去和籠統的未來，應該要把握眼前的每一刻，才不要拿自己的未來跟算命仙賭一把！俗話說「落土八字命」，聽起來很宿命地決定每個人的一生，就像是為何我就是看得到鬼？為什麼我姐姐就是長得比我漂亮？

不過我沒興趣理解為什麼？因為別人比我好或者不好都與我無關，不是說我不關心別人，而是別人的命運非我能控制或影響，互相比較也不會讓我變得更好。找我算命者，我一律說「未來會更好」，因為我希望你這樣相信，且努力往這方面經營自己的生命。當然啦，如果你只一味相信會變好，而不做任何改變，我也不會退還紅包的。

風水的部分我也是跟鬼學的，理論是說因為地球自轉生風起水，所以有些方位會有好的能量、有些就不好。例如家中擺設增強能量的水晶，如果放在好的位置就會增強效果，相反放在壞的風水處就會增加壞的磁場，因此風水確實有此一說，但是非常費心，所以我常勸人不要自找麻煩，只要想著「福地福人居」就對了。

心安穩了即使是「凶宅」也可平平安安，人生在世誰能逃得了一死？電影情節常有被殺死的鬼魂去找兇手復仇，可是大家又說死者之處會變成凶宅，那這個鬼魂好忙喔，又要去尋人報仇、又要待在家裡嚇人，這樣忙得過來嗎？既然我們不是殺人兇手，冤有頭債有主，亡者要找不相干的人麻煩，實在不成道理。倘若我們自己疑神疑鬼，住在廟裏也不會平安，反之若能泰然處之，夜宿凶宅、墳場都無須擔心。

而真的要問我哪裡有好的方位也是可以的，問題是「風水輪流轉」，每年每月乃至每時的風水都在變動，不是某個位置就會永遠都好，聽過「三年一旬、好壞照輪」的俗語吧？比較講究的企業家不是一年看一次，而是一個節氣去看一次，至少過年、端午和中秋就會換方位，老實說我不知道這樣有沒有變更好，我只確定絕對是好到我們這些看風水的人。

我姊夫曾勸我做這一行，因為「收現金、不欠賬、免繳稅」，在五月納稅時，聽來特別動人，仔細想想這也是一場買賣，只不過交易商品不是實物，而是消費者的「希望」，為什麼國中唸到中古世紀歐洲教士賣「贖罪券」大家會笑他們笨和迷信？在我看來「贖罪券」至今仍存在，只不過換了包裝上市。至今我還是不瞭解，為什麼我到別人家裡或公司坐坐，說說自己的感覺就可以領錢？當我隱藏靈媒身分擔任棒球裁判時，不但坐過的椅子有人不敢坐，就連跑步都會被嫌難看，哪一個才是我？其實兩個都是真實、也是虛假的我。

因果與報應

如果今天貪玩沒有寫作業、明天上學交不出來就會被處罰，貪玩不寫是「因」、交不出來被處罰是「果」，沒有寫作業的原因可能不盡相同，有時候交不出作業卻沒被處罰，不代表不同的原因沒寫作業就不會被處罰，有「A」就會產生「B」是因果關係，而因果關係是描述事實的狀態，而非解釋萬事萬物的主體，能以因果理論解釋事情，未必能保證沒有犯倒果為因的謬誤。

有人說：「受暴婦女被打，是因為上輩子欠她先生的，所以這輩子要被打，還完了之後下輩子才不會挨打。」我說：「這輩子妳讓先生打妳，是給丈夫持續犯錯的機會，所以不挺身制止此一暴力現象，把惡緣持續，妳也是幫兇。」記得九二一大地震有人說那是報應，災民都家破人亡了還被說是報應。

若是以聖嚴法師對九二一大地震的看法：「救苦救難的是菩薩，受苦受難的是大菩薩。」渺小的人類怎能知曉，如同大海嘯的災難一般，或許都是上天給我們的示現與警告，由犧牲災民的幸福、給予重重的考驗，因著他們的不幸，讓全世界人們思考生命的脆弱與意義？我們從他們的苦難中反思自己的生命，珍惜現在擁有的一切，給我們幫助弱者的機會，那些承受不幸的人們是我們的老師、貴人，感恩與感念都來不及了，怎會覺得那是罪有應得？

我覺得「報應」是神的權力、或者是自然定律，基於對神的尊敬、抱持將心比心，說因果、談報應是否應該以正面思考為出發點，戰戰兢兢約束自己為先呢？傷害人的方式有很多種，而打著宗教的旗幟、揚著因果旗幟的方法真惡劣，當你指責對方此時的困境是因果輪迴，有沒有想過這個行為也會進入因果的計算裡！

精神疾病、癌症及其他重病來求助的家屬總在問：「怎麼樣才會康復？」許多疾病至今仍是沒有解決之道，所以有人會說：「一定是上輩子做錯了什麼？」要我通靈給個「故事」，但就算知道是上輩子踩死了蚯蚓、喝了青蛙湯，所以這輩子生了癱瘓的女兒，這能讓小女孩重新站起來嗎？家屬照顧這孩子已經很辛苦了，哪個狼心狗肺的說那是因果報應？

如果宗教變成控制人民的工具，如同中古世紀歐洲的基督教，勢必會有反彈改革的力量，同樣，因果與報應本來是解釋現象的方法與概念，被使用在宗教控制後，就不再神聖而只是工具罷了！

我也深信因果與報應，但是不搭理上輩子發生什麼事情，因為我連上一刻流逝的生命都無法掌握了，哪還能管得到上輩子的事情？就算我上輩子是王公貴族又怎樣？這輩子不工作，銀行就不會有存款，有本事投胎時就把上輩子存的銀票一起帶過來啊，說我上輩子有錢又能怎樣？人能掌握的只有當下，而且必須嚴肅看待，因為因果報應很快就會發生。

我一向不談前世今生，那就像「說得一口好菜」一般，有本事的是炒出一盤菜，而不是在旁叨唸著怎麼做，我覺得曾找我求助的人一位比一位聰明，誰不知道這些大道理，只是脆弱的人們在情緒的遮蔽、困難的打擊下陷落，暫時脫不出泥濘；誰會不知道應該說好話、做好事，只是七情六慾的牽絆，總讓人脫不了誘惑、留在正信正道上。堅信因果報應者，更應該知道自己的困境該自己克服、別人的傷痛應當憐憫。

第六章　必然的衝突

原則上每位靈媒都會有自己的「獨門功夫」，通常是口訣之類的，口訣和功夫的來源不一定，有些是師徒傳承、有些是鬼神告訴我們的，美其名就是我們修練來的或是老天爺給的，這當然不在靈媒之間分享，這不僅僅是吃飯的傢伙、更是保命的工具！以前我也有幾個獨門口訣，各有其功能，由於我深知自己不可能有「超度」鬼魂的能力，所以我極少極少親身執行祭改，就算動手，我也會說清楚只是暫時把鬼請走，不保證何時又會回來，這種祭改的方式當然不受信眾歡迎，沒有漂亮的儀式、也沒有見效的保證，但對於能超度鬼魂的謊話，我怎樣就是說不出口！我總覺得逾越本分一定會遭受報應，即使再怎麼高傲也不想說謊。

以前在為信徒處理事情的過程中，有時候我接受到神或鬼的旨意表示該信徒的病痛是他理應承受的，不該藉由外力改變之，遇到這種情形我便會打住、停止法事的進行，但是有時候K老師會受到信徒的好語相求而軟化，甚至受到情境的刺激而決定一定要幫忙，我通常會屈服於K老師的命令，然後自己懊悔、難過許多天。這樣的衝突日益增多而動搖了我對K老師的信任。

辦理法事以外的時間眾人通常都會在道場裡泡茶，K老師常常會叫信徒去打坐，他說世上找不到比這間更好、更清的道場，大家卻不知道在這裡打坐是很糟糕的一件事，他也一天到晚要我去打坐，但是我並不喜歡，因為每次打坐完他都要問東問西的，問我看見什麼？神有沒有交代什麼？如果我說有，他又會無限延伸、然後又說他早就都知道了；如果我說沒有，他又說我修行不夠、不夠認真，這讓我很不高興。我也常問為何他自己不打坐？卻總是得到回答說他的功力已經很高了，所以不需要。

關於打坐與通靈這兩點我自始至終都有疑義，一是因為前述原因，以及他常常責罵信徒生活沒有比較好是因為不知道要打坐，但是常常信徒去打坐時，又會要信徒陪他喝茶聊天；二是我不喜歡通靈，總覺得如果神明要讓你知道什麼事情，祂們就一定會讓你知道，所以不需要多問，而且我認為一直問神明是很不敬的，但是K老師總是會勉強我去和鬼神溝通，我在道場遇到最大的困難就是不知如何去拒絕要求。每次要強迫我通靈的時候，K老師總是說這是讓我練習的機會，但我很厭惡這種說法，修道何能分高低？我和其他人們怎麼會有德行和資格去質問鬼神？如果我們有德，那身上也不會有鬼了！我也曾經問過K老師為什麼不自己去問？他的答案更令我氣結，因為他的地位太高，鬼神都不敢跟他講話。這些衝突讓我感到不舒服，卻不知道要怎麼辯駁，致使我除了幫信眾看診的時間之外，並不喜歡待在道場。

金錢當然也是一個衝突點。道場在初期經營得並不好，因為K老師堅持不收紅包和任何費用，所以常常會繳不出房租，只好在繳費期限到期時，向幾位比較忠實的信徒開口要錢，那些信徒大部分家境都不寬裕，偏偏有錢的信徒，總是帶很多人來祭改，喝完茶之後也不收拾，說聲謝謝便走人，孟子說過：「富貴不能淫。」可我從小就常看到人們見到有錢人就變成狗了，實在不能理解：他有錢關我什麼事？又不會分給我，為什麼要對他鞠躬哈腰呢？

剛開始我很認同不收紅包的觀念，但是K老師後來告訴我以及其他信徒，他不想收小錢，要等到一位有錢人來，跟他要個兩千萬，如果不給，就威脅讓他病死，那他一定會害怕而妥協，然後道場就再也沒有經濟壓力了。當我聽到這些言論時感到非常的震驚與失望！這些意見上的南轅北轍使我和K老師產生了更大的隔閡。

道場的經營

道場的經營有許多黑幕，表面上道場是沒有錢的，但是檯面下的運作，其實包含許多利益糾葛，我那時候只是中學生，後來是大學生，沒有多好的能力去應付這些，我承認當靈媒時有收錢，但是基本上都會轉手立即捐出去，可是吃下肚的就不知道該怎麼償還了？

經營一間道場會有許多開銷，扣除一般大家所知道的房租，如果是信徒捐地也得要一筆裝修費，總是要把場地弄得金碧輝煌，才能營造出肅然起敬的氛圍。再來就是神像，總不能用二手的吧？雕刻神像其實很花錢，一般家裡一呎多的神像就要上萬元，廟裡可不能擺小尊神像，那不夠氣派，更何況還要照例刻上幾尊「鎮殿」的！每一尊少說都是幾十萬甚至上百萬元，加上少不了的神桌、器具，真是傷本，不過，神像通常會有信徒認捐，只要你跟信徒說某個神跟他有緣，他就算標會、貸款也會去把神像刻出來。但如果沒有基本信徒的，大概就要自己籌錢了。

麻煩的是之後每天的開銷，總是要燒香、泡茶和吃飯吧！燒的香有分信徒燒的、辦事祭改用的還有環香之類的，這筆開銷和紙錢一樣，看道場經營者的理念，導致價格差異很多。我以前待過的道場每個月大概就要十幾萬元的開銷，香是天天要聞的，燒好一點的香，對工作人員的健康比較好；道場宮廟通常會有許多信眾聚集，所以少不了泡茶和飲食，零食和三餐總是會有人當義工認捐，不過「茶」的開銷就大了，以前是直接有茶商送過來，通常一斤三、四百元跑不掉，一天少不了三斤茶，更別說假日了，這些都是最最基本的開銷，還得要有清潔打掃！當然總是會有人認捐，不過我這裡要提的就是，這麼多「採購的機會」，就是許多的「商機」，你以為去道場的人真的都是一心向善啊？

人潮聚集的地方，就是商機出現的地方，什麼拉保險、直銷、各行各業的人都會來報到，少不了那種捲款潛逃的，以前我待的道場就遇過不止一次！道場需要信眾撐場面、訴說神蹟和場面話，某些信眾需要人潮，有點像是水幫魚、魚幫水。所以啦！看到一些神壇總是聚集著信眾，有人是為了修行，不過也有人，你仔細聽聽他們在說什麼，唉，不就是在做生意嘛！

道場也會有些有頭有臉的人，我看有些信徒根本就是衝著這些人來，反正想要找商機、借錢、引薦等等，窩久了就會有機會。我看不慣的就是要為這些特定人士提供特別服務，例如配合他們調整通靈的時間、通靈得特別仔細等等。

為何修行路上還要分等級？

廟裡面的鬼神其實也會分派系的，像是我們的廟有K老師和我，後來又多一位靈媒，所以道場開始分派系，因為我年紀比較小，而且很討厭這些是非，加上李保延也一樣是屬明哲保身型的，所以我們這派通常不會介入。在道場裡面，靈媒說的話可是非常有權力，我就曾經幾次被捲進去，你訓斥或是不喜歡某些信徒，那些信徒在道場的日子就不好混了，我就觀察過，我特別不理某個人，那人之後進來道場，連一杯水都沒人願意給他喝，同理可證，只要信徒贏得靈媒的信賴，那個人便可走路有風，不過這也不代表大家永遠會是朋友或是敵人，總之，挺醜陋的。

廟裡面的鬼神精靈也因此受到波及，我印象最深刻的就是，我曾經決定不當靈媒、離開道場後，我這派的鬼神就一起被趕出去挨餓受凍，它們不敢跟著我回家，就在道場附近晃，有一次我經過時見著它們，看到這情景，我哭了、它們也哭了，可是我不想繼續當靈媒，就帶它們去行天宮，請恩主公收留。後來，我慶幸有帶走一部分的靈團隊成員，因為，之後的一場鬥法的報復行動中，我至今仍無法放下的就是，另一位靈媒居然把我的人馬全都趕盡殺絕！願這些遇害的鬼神能原諒我，我丟下它們、沒有盡到保護的責任，我真的很難過。

一間道場、兩位靈媒

鬼神會分派系嗎？這個問題一點都不白目，細心觀察你會恍然大悟。不管我願不願意，道場裡就是由我主責看病問事的通靈工作，K老師祭改。我知道他們一直都想繼續找其他的靈媒，那種會樂於其中、有點「進取心」的人；因為我不但一目十行、過目即忘，對於鬼神到底交代什麼很難熱中，再者個性上也不太好控制！時常我可以聽到警告再不認真、就要把我炒魷魚的言論。

讀我的文章大概可以想像得到我是很有個性的人，加上一向很支持我的父母，我從小就會把自己照顧好，只是有幫傭幫忙生活起居，所以生活自理能力到現在都差了點，但是其他方面都是自立自強，所以父母很少過問，我要當靈媒、選擇大學的學校與系所和從事什麼職業，我一向「告知」他們就可以了，總之，在這樣的家庭環境下，我當然是位很有特色的靈媒嘍！

什麼叫作很有特色的靈媒？就是你有錢我偏不幫你看！道場要求我幾點一定要做什麼儀式，我就偏偏跑去球場看棒球！要我穿得跟電視上的靈學老師一樣，我就偏偏要穿短褲涼鞋！我可不是為了反對而反對，當然有我的思考在：要我穿道服？我就反問：「如果你穿成那樣就會通靈我就穿啊！」難道一個人的能力必須用華麗的外表裝扮嗎？那身衣服是要拐誰啊？唉，少年得志大不幸，我可是深刻體會，以前真是囂張過頭了，那年我才二十歲，不知道天高地厚。

記得發生過幾件趣事，就是我去道場時，看廟的伯伯不認識我，我進去後就在整理一尊神像的鬍鬚，那伯伯氣得大罵！我本來不想理他，但是他罵到後來連我是女生不能摸神像這種話都說出來了，當然我就發作了，直接把神尊們都抓下桌子，然後問他：「你想怎樣？我不只摸，還可以丟到垃圾桶你信不信？」那老人家簡直要拿出掃把了，還好有認識我的人出現，向他解釋，我也決定給那些神尊留點面子，才不了了之。也發生過我穿著短褲在擦神桌，比較早來的新信徒不認識我、要我去泡茶倒水，我也就照辦，等到時間到、開始辦事時，他才發現是向我問事，哇！我真的第一次看見有人的臉變成綠色……

也不是我不注重外表，只是覺得不需要糊弄信徒，光鮮亮麗的派頭到底是為了什麼？把木頭做的神尊姿態擺得那麼高要做什麼？不是引人迷信嗎？我這種非主流的態度真是惹惱不少人，不過我就是老神在在有恃無恐，道場也找過其他靈媒，只不過通靈的「準確度」不夠，可以偶爾串場，就是不能當「駐場靈媒」！他們總是想培養個「後起新秀」：找人去那裡打坐感應，然後那傢伙一定是位帶天命、有慧根、天資聰穎的救世主，誇得跟朵花似地跟我說，要我加油，不然一下子就被人趕過去嘍！

我想那是為了要刺激我吧？讓我有「可以被取代的危機意識」，只不過找我合開宮廟的邀約也不少，有一股自己無論如何都不可能失業的自信。所以啦！他們說他們的、我還是踐我的，就算恨得牙癢癢，他們還是必須跟我拉鋸。當然，這種態度到頭來還是讓我吃虧，如果我當初厚道一點，可能也不會害我的人馬被趕盡殺絕。聽說我到現在講話都還是會讓人有股「我說了算！」的氣勢，唉，造孽！

當靈媒壓力其實很大，通得不準就像是過氣的明星，沒人理，所以有許多靈媒必須花一堆時間修練，像是跑靈山啦！打坐啊！總之，就是要想辦法把通靈的能力增強，這壓力真的很大，有時候是為了生計、有時候是為了面子。我呢？大概是從一出生就會通靈，也因為有不好的經驗，所以我並不是很珍惜這個能力，一直到現在都告訴自己：「或許晚上睡一覺起來我就不會通靈了！」我真的不喜歡別人把生命的一部分放在我的肩膀上。我這輩子沒有跑過靈山，去別的宮廟大概就是去踢館，打坐也是為了關掉陰陽眼，所以我有點像是反向操作，不過，我還是這個樣子。現在已經接受「我的樣子」，有看到也好、沒看到也很好，只是試著從中體悟生命的點滴。

有天道場來了一位要祭改的人，稱之為L女好了。她的長相還不錯，只可惜顴骨挺高的，加上有點暴牙的關係，所以不笑的時候看起來很兇，俐落的眼神彷彿告訴別人：「你膽敢惹我嗎？」的確我惹不起她的。

她來祭改的時候就是麻煩一堆，身上有很多鬼，抓了一個又一個、殺了一個又一個，每天要處理幾次就是了，她也從小就是跑宮廟的，祭改完之後也變得會通靈，我當時還挺樂的，跟她說要不要我們以後就分一三五和二四六輪班，這樣我晚上就可以有自己的時間。

Ｌ女待在道場的時間比我多，連父母都搬到附近，一家子幾乎所有的時間都待在道場，她的父母倒是挺不錯，很淳樸老實的老人家，每次見面我也只是點個頭，沒有多說什麼，反正幫信徒看完病我就趕快溜走，與他們沒什麼交集，一開始也沒有異狀，但是後來就慢慢改變了……

最先發現異狀的就是李保延大哥，他跟我說道場的鬼神慢慢分成兩派，兩邊互不說話，我這派的多屬於會幫信徒看病的，另一邊大多是武將，我也不知道應該怎麼做才好？我們就決定別管它們，只管看病就是了。悔啊！我犯下大錯！沒有留下武力！造成日後被屠殺卻毫無抵抗能力的結果。的確，它們（或應該說我們）是會分派系的，不是有乩童是某些神的專屬乩身嗎？那就是派系啊！處理什麼事情就要請什麼神出來，那也是派系啊！當時我主要負責看病，凡是鬥法、殺鬼的事我一概不理。

分派系其實也沒有什麼標示啦！就像是學校班級中的小團體，通常都是互不說話，我使不動另一派的鬼、當然Ｌ女也召喚不了我這邊的！我的鬼兄弟們就只肯跟我說話、幫我辦事，同樣地，我也不會指望L女的鬼將們幫我什麼忙，反正大家就各行其是、互不過問，這就是我所謂的分派系了！吵吵鬧鬧倒是不至於，不過說對方壞話是一定有的。

同一派的我們當然會常常培養感情，比較常一起說話，我也會偷偷多燒點紙錢給我的兄弟們。會變成同一派，除了經營感情之外，我想，這就像人與人之間的相處，合得來的自然喜歡在一起，有時就是看不順眼某些鬼，自然就不會在一起嘍！

你會怕鬼嗎？我問過不是靈團隊成員的鬼為什麼要聽我的話？總的一句就是「氣勢」！我說話的氣勢就是會讓它們怕或是會買帳，所以建議各位千萬不要「怕」鬼，你怕、它們是知道的！就像我們知道旁邊的人是生氣還是高興一樣。所以，你越怕，它們就越裝肖維，越是喜歡欺負人，有人說對鬼罵髒話這真的是有效的，但不是畏畏縮縮地罵，罵是罵在那個「氣勢」！回頭想想，我以前真的好兇喔，連人都怕，唉，真是惡性循環啊！

後來L女在道場的角色越來越吃重，一方面找我不容易、二方面大家也不想常常求我吧？在他們的眼中，我若不在那裡擔任靈媒可是我的損失，被取代的感覺有時候也會感到失落，不過難過的感覺不會太久，因為我在其他方面有很好的發展，不論是課業、學業或者是棒球，在各個方面都表現得不錯，我喜歡從靈媒之外的身分培養出的自信，那自信是我可以抬頭挺胸、與朋友和家人一同分享的自信。

外面比較好玩

自從認識L女之後，靈媒的生活就越加複雜化了。原本，我只要小心來踢館的人和鬼、還有別人的符法，沒想到這次道場是引狼入室，搞得風風雨雨、沒安生日子過，我才瞭解有時候不是你不惹別人、不去爭就算了，當你是別人眼中的沙子或是礙路的絆腳石，要不就自己移開、要不就接受挑戰吧！

L女在道場的前三、四個月還算安分，不過她幾乎每天到半夜都還待在道場裡，自然就越發地親近了。之後她開始也會有所感應，後來挺認真地全勤打坐練功，通靈的狀況越來越明顯，有些事情她就直接接手過去。不過我承認不太欣賞她的一些行為，因為我覺得她通靈的內容太鬼扯，例如說我們道場裡的某某神有多厲害、可以救多少人，可是以我跟那位神明多年的交情，我怎麼看祂就是沒長進啊？還有L女會有一些超誇張的「故事」，例如說K老師託夢教她功夫。我當時就說：「K老師都還沒死耶！竟去託夢？」我這話當然不中聽，不過K老師聽到L女這類型的故事可是笑得合不攏嘴。

想當年若有信徒說感應到我去幫忙，我都很鎮定地勸他去看精神科！套一句我們社工的術語：「根本沒現實感了嘛！」不過，我在她加入後，仍沒改變我行我素的習慣，反正她動不了我的人馬，李保延大哥一向站在我這邊，所以L女也拿我們沒轍，我們還是壟斷看病的工作，L女就往抓鬼、問事情、出文這一部分發展，大家井水不犯河水，倒也相安無事一段日子。

當L女漸漸接手部分工作時我也樂得開心，因為那時我剛上大學的社會工作學系，在班上交到幾位知心好友。大學第一年她們還不知道我的身分，大概只覺得我很怪吧？因為我每天一放學就急著趕回家，沒辦法，得要去幫人辦事啊！週末、放假的時間我更不可能和同學一起出去玩，因為那時候信徒多、還得要下中南部，所以她們也常常納悶「這個人怎麼這麼戀家？整天趕著回家吃飯？」不過，到了大二我就漸漸卸下心防。

大二的時候我開始與她們四處遊走，我們會去看電影、散步、喝茶甚至唱歌，這些都是從前我沒有做過的事情，也開始透露我的狀況，而她們給我極大的支持，並提供另一個觀點來看待我的天賦，原來我也有權利笑、去玩耍時不需要有罪惡感，有陰陽眼並不代表一輩子就沒有選擇地必須去當「工具」。讀的書當然也有幫助，漸漸接觸心理學和社會學，還有老師的教導與各項社會工作的作業，促使我開始往內心探索。總之，我對於外面花花世界越來越有興趣，道場的工作就越來越只像上下班了。

還記得跟朋友在一起的第一年，總是在KTV當「分母」，每次均攤費用的那種角色，往往三個小時下來，我連麥克風都沒有摸到，唯一能掌握的就是「點小菜」的權利，剩下的時間就在那裡努力吃零食、喝奶茶還有聽歌，同學都笑我俗到爆，其實我也是很開朗幽默的啊！只是那時候還沒有學會怎麼好好與人相處。還記得同學慫恿我唱的第一首歌是「綠油精」，那是我鼓起無比勇氣、紅著臉唱出來的，非常手足無措。

此外，在那幾年當中，我對棒球的興趣從沒有斷過，大學自由的時光與上班後老師們的體諒，更讓我可以「變本加厲」。我利用寒暑假的時間去帶小朋友棒球營隊，能和小朋友一起玩棒球，我想不到更美的畫面了！不管是球場的比賽、電視的轉播都不想錯過，主任知道上班時間有直播比賽時，還會恩准我乾脆回家看吧：「反正我也無心待在辦公室。」

在澎湖、桃園龍潭與花蓮等地的球場一待就是一、兩個星期，和這些可愛的小朋友在一起，不論是講美、千秋、太巴塱、泰源或者只是暑期體驗棒球的孩子，個個都是天使，這種生活方式對我真是有大大幫助！棒球不只是運動、而是一門「藝術」，我從最基本的傳接球與揮棒就可以獲得無比的樂趣和滿足，各項戰術的運用、與小朋友的互動，讓汗水在陽光下揮灑，我甚至跟朋友說：「我的願望是嫁給學生棒球教練，這樣就可以幫他照顧球隊，一輩子在球場跟孩子們玩球了！」

從國中開始我就練習小喇叭，國中三年的軍樂隊與高中兩年的室內管樂隊，國中時我還擔任隊長，每天早上六點半我就迫不及待到學校練習，身負著管理的重責大任——我自以為很重要啦！因為我沒有幫樂器室開門，學校早上就無法升旗。在那裡我深受教官與老師[1]的肯定，帶我三年的劉素雲導師更是我熱愛上學的原因，她鼓勵式的循循善誘，讓我認為即使自己沒有看到鬼神的能力，我還是很優秀的人！

高中的樂團經驗就不是很好了，和其他團員相處不是很融洽，當然我也要負起責任，因為當時我的廟運蓬勃發展，她們應該覺得我太不可一世吧？可我自認已經很努力參與團隊了。隨樂團出國演出的經驗，也是我難忘的回憶，我試著去適應白天黑夜這兩種身分。

高中時同學也都對我很好，只是終於有了「被排擠」的經驗，高二分班後到了新的班級，總有位女同學常找我麻煩，後來關係漸漸改善、我也沒有深究為何她要對我如此？直到畢業時她在我的畢業紀念冊上寫著：「因為剛分班後、見到同學都很喜歡妳、擁護妳、什麼光環都在妳身上，所以我看到妳就很討厭、

---

❶ 樂團指導老師也是我的生物科科任老師——楊素冠老師，畢業後我還去找過楊老師，她看起來還是這麼溫柔又有智慧！不過劉素雲老師就已經退休了。

想要找妳麻煩，後來才發現妳很好相處、為什麼大家會喜歡妳，很抱歉……」這樣的留言讓我覺得很驚訝，她的氣度讓我無比欽佩，至今我都想學她：「當我看不爽某人時，是否是我自己的問題？」這個經驗讓我很受用，即便後來與L女關係惡化時，藉此自我警惕不致陷落自己的情緒當中。

由於家人對我的小喇叭一直有莫名的敵意，所以開始練起二胡，當然家人還是只支持到晚上九點半，音樂總是在我生命中佔有一席之地，當我覺得被老天爺拋棄時，我常聽安德魯洛依韋伯歌劇《約瑟夫和他的神奇彩衣》[2]中的〈關上我的每扇窗〉，這首歌時常給我力量，我深信世上總有公義。

父母也鼓勵我練空手道，那不像是棒球必須有伴才能練習的，只有自己也可以自得其樂，加上我有最棒的黃智勇教練與簡碧玉師母的指導，讓我在練習空手道當中，開始學會在動靜的變換中感受我的身體，那對我的身心安寧有莫大的幫助，當然痛毆練習靶更是個絕佳的紓壓管道，在空手道打得好的時候，如同我在球場表現很好的時候，我覺得自己很優秀，別人不是因為我靈媒的身分，才來肯定我、尊重我。

大四那年上了「團體動力」課程，在課程中同學透露了一些我的過去，我十分防衛並且不願意揭露，因此在下課時與老師說明，希望她在同學談及我的過往時，給予適當的介入，我說了一點點過去的大概，老師只說了一句：「我不知

---

❷ Andrew Lloyd Webber:《Joseph and the Amazing Technicolor Dreamcoat》〈close every door to me〉。

道妳童年過著這樣的生活！」我眼淚很不爭氣開始湧出，趕緊轉身衝去一間沒人的空教室啜泣。我也不清楚為何就這樣哭了？可是哭完之後感覺好溫暖、好有力量。

上了大學、交了朋友，才知道我有權利當普通人，對於那些過去，我流下了心疼自己的淚水，加上李保延的影響，更讓我體會到：其實就算是有陰陽眼也沒有什麼了不起，生命是一步一步往前走的，是一點一滴自己幫自己累積的，陰陽眼若不長眼，對家庭或社會的貢獻比不上一個踏踏實實的普通人，更別提神棍會帶給社會多大的危害了。

第七章 戰爭開打

不論我喜歡或不喜歡、願意或不願意，兩位靈媒在同一間道場中，即使有所謂的「分工合作」仍然會有衝突，如果有所謂的「文人相輕」的話，那麼我很肯定「靈媒相輕」的狀況更是嚴重，誰也不認為誰比較厲害，誰都自覺自己才是帶天命！關於「帶天命」這件事情我很困惑，的確我是從小看到鬼，可是這跟濟世救人的天命到底有什麼關係？貪吃又愛玩的我實在不管用什麼角度看，都不是個天資聰穎、超脫世俗的修行人！

有時候覺得我一定是對的，可是很多時候也會失去信心，當身邊所有人都跟你說事情該是怎麼樣、卻又違反我的經驗法則時，產生的困惑真是苦惱！我選擇的方式是情緒化，依自己當時的感覺「痛快就好」！現在看來的確沒有把待人接物做好，甚至那幾年所謂的宮廟神壇式的「修行」也沒把自己的修養搞好，很多事情都在回頭和不能後悔的時候，才學到教訓。

令人哭笑不得的真實案例

道場有了兩位靈媒自然是一山難容二虎，我當時還是自信滿滿，在普遍只使用 Call 機的年代，我已經有了當時還需要保證人和押金的手機了，哇！那時的手機大到可以當防身的武器呢！辦手機是因為家人要找我，同時我已經不固定出現在道場，所以有急事或大案子才打手機叫我過去，因為大學生活實在是太有趣了。

那時候Ｌ女已經擔任靈媒的工作，不過我還是一副無所謂、自信滿滿的樣子，反正大案子還是要找我才行，況且李保延大哥只肯跟我說話，不會替他們辦事，所以我的姿態擺得很高。我對Ｌ女其實也不是很好，更明確地說，應該是我根本不喜歡她，加上仍掌握著道場看病、開藥單的專利，所以雖然我自認為已經做到應有的禮貌，不過現在回想起來，當時一定是討人厭的驕傲小鬼！

我一向希望道場信徒「保持冷靜」！人該做的就該做，鬼神沒有義務、更沒有責任，甚至是不一定有能力可以幫你。一直抱持這樣的觀念，所以我從來不喜歡編一些神話故事，只負責看病、開藥、驅鬼，其餘免談！連道理都懶得說，以為信徒笨嗎？每個人都覺得自己聰明啊，誰都會說大道理，問題是怎麼去克服自己內心慾望的衝動與誘惑？

L女走的路線則有所不同，事實上，不同的靈媒練功與專長都會不一樣，她真的很會「開文」、「降真」，就是所謂傳達神明的旨意，一天十幾張都沒問題吧？只要你想要就有，反觀想要我的文就不容易，就像之前那兩篇，恐怕都要拖很久，特別到後來已不想當靈媒的時候，還要信徒先擲筊，有筊的我才肯通靈，所以我這邊門診量大減，L女的信徒自然就人丁興旺了！

我們走的路線差距極大，當時每個星期六、日下午他們還弄個白板在講道，就是L女一邊通靈、一邊寫、一邊教化大眾，聽說人潮還很多哩。我沒有親臨現場過，當時他們都說我會後悔或是遲早會去，不過自至始至終都沒有現身，其實比較多是賭氣，因為我喜歡讀《道德經》和《論語》，道場的人也都知道我喜歡看書、且鍾愛那兩本，L女說我讀的道德經是上冊，上天要叫她寫出下冊，要教化我和大眾，這分明就是打起擂台了吧？信徒曾拿一部分L女通的文給我看，我當然有信心那些不可能是「神明」寫的，大概是哪個愛嚼文的小鬼說的吧？我對古文造詣有某種程度的信心，所以我跟信徒說：「老實說，你們應該沒有讀過《道德經》吧？把這些文跟《道德經》相比，不覺得對不起國中老師嗎？」那場《道德經》下冊的教化風波就在莫名其妙中草草結束了。

爾後事情的發展簡直是匪夷所思，K老師成了宇宙間排名第三位的人，僅次於元始天尊與靈寶天尊！意思是連玉皇大帝都得向他稱臣，還有道場幾個比較有位置的人都被封官了，稱作「十二金」！據說我們十二人聚首是為了拯救世界，只剩下我一人還沒有清醒，所以沒辦法發威之類等等。這好像是我小時候看的電影《新十二生肖》的情節。哇！拯救世界這種事情只差我一人，當然得要去看看，在我看了她洋洋灑灑的告示之後，我只能說：「嗯，妳連我的名字都寫錯了。」

道場要我當靈媒，幾乎是軟硬兼施，上述當然是說我會對這世界有多大幫助，我從來不信啦！我是那種肚子餓會發脾氣、兄弟象輸球會拿拖鞋砸電視的人，要怎麼拯救世界？他們也會威脅我如果不當靈媒會怎樣悽慘，老實說，我以前也會怕，所以投保一堆保險，不過表面上還是裝得很灑脫，擺出「要命一條」的架式，另一方面還是覺得偶爾幫助別人不是壞事，所以還是會去道場兼差。不過，我對靈媒的工作因為多了L女後，就越來越覺得厭惡……

其實我花很多時間想過，是不是我在嫉妒L女？的確當道場大部分的信徒都如癡如醉信賴著L女時，我會覺得自己的光芒減弱了，我「被需要」的程度減少也表示我對於道場的重要性降低，這的確曾經讓我感到不舒服，可是換個角度想想，她可是全心全意投入道場事務，能與鬼神、信徒打好交道也是理所當然的，我並沒有付出這麼多，怎能計較這些？況且，我覺得在課業與工作上的成就更能夠滿足我，對於道場上的掌聲不是不喜歡，只是付出的代價太高，我承受不起。

自己想清楚之後也就更坦蕩蕩了！我不在乎是誰在道場得寵，如果都沒有人找我去道場那就更好不過了，也的確到後來我從不主動出現在道場，總是累積一定的案量之後才依約出現——盡量依約出現，對於時常爽約之事，我已經是惡名昭彰了！對於L女處理信徒之事，我儘管不認同也不加以干涉，其實我也沒有立場可以干涉，單純覺得「可以幫忙就幫忙」的心態，偶爾出現幫信徒處理事情，只要L女沒踩到我的界線就好。

總是學不到教訓

對於我和L女之間的衝突就像是不斷重播的爛戲碼，連我自己都不耐煩了。首先必定是這世界上又有個濟世救民的大任務等待道場眾人去執行，類似「十二金」或者《道德經》事件，有次是包了遊覽車到北海岸「超度」，據說那也是非常重要的任務，除了解救無數神靈之外，還把被陷害的神龍從北海岸的海底解救出來，後來到天上取代了玉皇大帝。據說當時的玉皇大帝不是很適任，所以才派他們把新任的人選從海底解救出來，吼～我應該很高興的，畢竟朝中有人好辦事！聽起來我們現在跟玉皇大帝很熟耶！但我不是很確定這樣的程序是否合法？難道天庭沒有法治體系嗎？我怎麼想都不合理，如果他們跟我說從海底放出來的是酷斯拉，我還比較有可能相信吧？

我就是無法相信這種鬼故事，更不敢置信有一堆人相信！已經記不得他們有多少次帶著驕傲和輕篾的口氣對我說：「妳沒去實在太可惜了！功德有多大啊！給妳機會還不要？」我的答案照例是：「你自己留著用！我寧可在家補眠。」後來多講幾次我也被那嘲弄的態度激怒了，放話說：「個人因果個人擔！你們把那些鬼放出來、破壞自然秩序，到後來都會回到你們自己身上！」

誰理我？當然沒有。直到偉大的K老師生病了！他的症狀通常是「腳爛掉」，很怪的現象，腳底感覺有火在燒，當然看不出真正被燙傷的痕跡，只是他一直說有火在燒，再者就是皮膚一直潰爛，真是不忍目睹。應該是忍了很久才找我回去看怎麼處理吧？後來心軟還是忍不住幫忙，上頭給了我一個說法：

信言不美認不清
美言不信難入心
忠善不辨眼非明
過錯不改性難移

這時候他當然是痛改前非，至於該怎麼「處理」是這樣交代的：「淨香淨身奉香向天，悔過越深身體越輕。」說也奇怪，這樣做了之後症狀雖然沒有全好，倒也有所改善，理論上我應該受到大家愛戴、重回道場當首席靈媒？不！事情總不是我們這種憨人所想的那麼簡單。

通常只消一天的時間就會有新說法。最常見的說法就是「K老師這是為了大眾所承擔的罪業！」再來就是「我早就知道了！只是要試試看她的功力，給她一個機會回來！」最好是這樣，到底是誰拜託誰啊？很多時候我都很納悶，到底是他們有病還是我的邏輯有問題？在那樣的環境中，只有一個人清醒也看似像個瘋子。

由於自己特殊的背景，談起鬼神之事我總會比較謹慎，主要是我發現我所說的每句話都有可能影響別人，曾經有次在學校澆花，與助教學姊說溜嘴提到學校女廁有個女鬼陪我聊天不會無聊，不知怎麼搞的居然傳到學生耳中？過了不久有學生跑來跟我說：「我們聽說妳講這間廁所有女鬼，所以大家都不敢來，都繞遠路到另一側的廁所耶！」我萬般無奈地說：「廁所有女鬼是真的，不過妳們弄錯方向了！」哎呀～她們就這樣誤傳下去，大家都往有鬼的廁所去嘍！這下子對人對鬼都深感抱歉。

在道場中我也盡量不說話，倒不是要保持神祕，而是上述的原因更多一些，當我說：「嗯、門口養小鳥不錯。」就是會有人弄一排讓我傻眼的小鳥群出現！

比較發心的信徒還會買一堆分送大家，這是怎麼回事啊？其實，我只是回憶自己兒時點點滴滴：家裏養過「一隻」小白文鳥，這跟招財進寶、趨吉避凶真的一點關係都沒有啊！況且我這個人很愛開玩笑，老是會弄出這些啼笑皆非的事來。

K老師肯定有好心腸，只可惜嘴巴大了點，禍從口出這句話果真不假，靈媒身邊總少不了阿諛奉承的人，老實說我聽了也很開心，只不過老早就已經免疫了——自己有幾斤幾兩重難道不知道嗎？不然回去問媽媽也知道吧？可是偏偏就是有人不知道，總是愛聽「好聽的話」，因此基於各種原因：或許愛聽奉承、或許拗不過信徒苦苦哀求，K老師總會「強扭因果」，強幫不該幫之人、強傷不該傷之鬼。所以K老師時常發生腳爛之事，於是乎有這樣的文出現：

救人之失汝有錯

莫怪他人終不明

南海古佛慈悲心

暫且封口德慧心

但是他閉嘴了嗎？當然沒有！如果哪天他大徹大悟我才覺得是有鬼上身了吧？我實在沒有興致去追蹤這些故事的發展，反正就是偶爾上道場露個面、處理點事情就下班了。

到底人與鬼誰比較可怕？

隨著我去道場的時間減少、L女角色相對越來越吃重，我也漸漸遠離道場的核心，要不是有問題棘手讓他們無法解決的信徒，大概就沒有人會想到我吧？雖說我有鐵桿的李保延大哥當班底，還有一些比較死忠的信徒，不過我越來越不重要是明顯的趨勢，後來居然出現了一些連我都覺得不可思議的傳聞……

這當然是從L女傳出來的，她開始說我被「魔」給控制了，所以才會反常、不聽話之類的，年輕氣盛的我當然不服，應該是我欺負鬼，怎麼會有鬼欺負我的事情發生呢？說我被附身，有被污辱的感覺，所以我當然要去證明我好得很，所以偶爾也會去嗆聲，現在想想還真是幼稚、浪費我跟朋友聊天的時間。

情況只會變差不會更好，有回L女去K老師家，說玉皇大帝下了個「旨」，然後有許多魔王進攻，他們打了一整晚的仗，殺敵無數，聽說當晚在場的人都加功德三級！我聽入耳中很不是滋味，便說：「那弄張有每個人名字的告示在道場，表現好的上面就貼紅蘋果啊！」信不信？總是會有人繼續問：「為什麼是紅蘋果？」我的答案是：「我就是喜歡吃蘋果啊！」

他們也不高興，說我是嫉妒才會如此，我當然要去K老師家看個究竟，一進門就看見四個醜八怪站在不同的地方，分別是門口、電視前、K老師的座位和放月曆的地方，我指出的四個地方正是昨天他們說天兵天將駐守的地方，我便說：「我怎麼看就是鬼入侵！難道我點出來的地方有錯誤嗎？」正當我在說的時候，K老師位置的那個水鬼（L女叫它是海龍王啦！因為它是海裡來的，不過我喜歡叫它水鬼，因為它有鰓、還帶著魚叉），居然拿起魚叉向我攻擊、往我胸口插來！雖說它們無形、可是還是會痛耶！我當下彎著腰對K老師說：「你自己看！如果我說的不是實話，它為什麼要傷我？」K老師看到後也是吃一驚！後來K老師聽我所言，把那水鬼及另三個同夥給殺了！

類似的事情之後還陸續發生過，我真的覺得很累，因為每次「引狼入室」，總是引來許多鬼佔據K老師家或是道場，我卻要護土有責，時常奔波，氣煞人也。氣的不只是因為累，更是因為K老師總是一錯再錯，老是聽信L女的話，當然啦！L女也有她的說法，說這是上天給的考驗，必須要一起演出。但是，在我眼裡，不過就是想奪權的把戲，沒辦法、道場的利益太大了，自己開道場也未必有這群信徒，直接接手不是更痛快。

與L女之間的嫌隙越來越大，不管是鬼神或是待人處世都時有衝突，我一向不愛搭理鬼的，有信徒要問事祭改，我就是當名翻譯，成功或不成功不在我，鬼躲在人的身上一定是有原因，不一定都是鬼的錯，很多都是人求來的，譬如說去宮廟裡求鬼讓他變有錢、幫助他什麼的，那當然鬼就吃定那個人、住在那個人身上，鬼跟人都是為了生活嘛，何必互相為難！

所以我從來不殺鬼的，大家好聚好散，不過K老師和L女有時候為了信徒的請託或是想展現自己的能力，會要我方的鬼把對方殺掉，這讓我很不能接受，常常是氣呼呼地轉頭就走，不然我又能怎樣呢？等到他們遇到不能處理的問題，又會對我好言相勸，我心一軟又回去了，這樣來來去去，我和道場之間的拉扯越來越大、衝突越來越升高，不過基本上我還是挺拿喬的，因為我有信心我是站在正確的一方，直到L女做了一件我永遠不能原諒她的事，我發現我的世界碎了、我的未來絕望了。

公義在哪裡？

他們殺了李保延大哥！

當我接到電話後，直覺先趕去道場，在那裡找不到再趕去K老師家，他們說，原來李保延是魔的臥底，臥底在道場中要搞破壞，還要陷害K老師，這些忘恩負義的傢伙，是誰讓道場高朋滿座的？居然說最不涉入鬥爭、最不管是非的李大哥是壞人？

他們趁我不在的時候，把李大哥和靈醫團的助手們都殺光了，還得意洋洋地跟我說抓到兇手！因為自從我離開道場後，有時候他們辦事不靈，K老師的身體也變不好，腳部常常發熱、潰爛，我的看法是因為他們逆天而行，不過當然不被他們接受，找個代罪羔羊是最容易的！他們一直覺得是有魔在作祟，只不過一直都抓不到，所以哪天心血來潮，L女就說是某位天尊告訴她李大哥就是臥底的兇手！

我發現找不到李保延大哥的時候，只感覺我的世界都變暗了，那天K老師和L女跟我說了什麼根本都聽不進去，只記得一點畫面，K老師和L女很得意地說他們終於獲得解答，克服魔的考驗什麼的，但是他們得意的臉孔卻是我的最痛，腦中一片空白，那天晚上的一些事情是我姊夫後來跟我說的，我連怎麼回家的都不知道，不過我還抱著一絲希望，希望這不是事實。

當晚，我對著天祈求，希望這只是上天布的局、是上天的考驗，李大哥只是先避避風頭，他們接受上天的命令躲起來，然後會偷偷來找我，會有訊息偷偷跟我說到底是怎麼回事？我求老天爺趕快讓我知道到底是怎麼回事？至少，至少先讓我知道李大哥沒事，讓我們見個面也好，其他的我可以忍耐，不過，上天沒有給我任何回音……

隔天，還有接下來的好多天，我不停地向上天哀求，乞求這不是事實，我做了很多許諾，我可以終生不嫁守身、我可以聽K老師他們的話乖乖當靈媒、我願意出家、我願意放棄當靈媒的能力、我可以不要再見到李大哥的面，只要讓我知道他沒有死就好。我把我能做到的、不能做到的都跟上天作交換，不過，什麼回音都沒有。

我到處找，附近的廟、宮、路口，還有新竹，我和李大哥曾經一起走過的地方，我拜託所有認識的鬼魂幫我找，但都找不到，花了許多時間，皆一無所獲，其實，我到現在還是不想接受或許他已經死掉的事實。第一次，我恨上天，怎麼會這麼不公義？天理何在？

I am nothing

發生這件事情的時候正值我升上大四，我恨透了道場，但我還是相信或許有一天李大哥又回來了，然後跟我說這一切只是上天的考驗，我就抱著這樣的心態過日子，但我完全對靈媒的工作絕望，根本不想要得到這個身分，而完全與道場決裂，頂多跟我姊夫保持聯繫，他很不贊同我決定不當靈媒的決定，認為我只是在逃避，而我，每天晚上睡前總期待這個靈媒的生命歷程只是一場夢，或許我醒來之後就忘記有這一回事，更好的安排就是讓我入睡之後就不要再起來了。

只可惜我睡前的兩個願望從沒有實現過，而且我開始討厭自己，我覺得是我害死李大哥，如果我當初聽道場的話，李大哥就不會遇害；又如果我自己開一間道場，把李大哥和助手們都接過來，他們也不會死；如果我當初姿態放低一點，不要看不起Ｌ女，並跟她那一派的鬼有點交情，或許在他們下手的時候會有小鬼來跟我通風報信、那我就來得及阻止這件事。很多的如果在我腦中盤旋，我從信心滿滿、不可一世變得意志消沉，我害死李大哥、怎麼有資格好好繼續活下去？

心中的自責讓我快要瘋掉，我祈求上天讓這些都變成沒有發生過，我也想過乾脆讓我失去這些能力、假裝我是正常人，不過事情沒有那麼單純，如果我沒有這些能力，就沒有辦法抵抗Ｌ女。抵抗，是因為Ｌ女和Ｋ老師希望我繼續替道場辦事，這件事情是他們對我的警告，如果我不從，那麼既然他們能殺了李大哥，自然也能控制我。

那段日子我看盡道場的冷暖，Ｌ女他們說我失去能力了，或應該說我是在他們的掌控之下才能有能力，總之，過去對我鞠躬哈腰的信徒都不一樣了。那時候，我不知道日子該怎麼過？原本以為我會一輩子當靈媒的，但是我不想被他們控制！另外開一間廟？但是L女隨時會把我的鬼朋友殺了！還有，當李大哥他們都死了，我怎麼還有臉繼續活下去？如果我不再是靈媒那能做什麼？我害死朋友，或說是我曾經認定可以合作一輩子的靈團隊，我到底算什麼？I am nothing.

這段記憶只能用「不堪」來形容，我人生中從來沒有遭遇過這種徬徨無助的時刻，一向總是我教別人該怎麼做，這下子面臨我不知道該怎麼做？我花很多時間打坐，可是越坐越煩，其他的時間都用在與老天爺討價還價！各式各樣的條件我都說出口了，更顯得我的慌亂與失控，我到處想抓個浮木，可是這世界彷彿與我無關，靜靜地自行運轉，好像我自外於這個世界、而這個世界也不在乎我是否存在。

第八章　掙扎與拉扯

決定不當靈媒後深深體會到「人在江湖身不由己」。周遭會有許多聲音，有好言相勸、哄騙我繼續做下去的，也有許多人嘲笑我無能，一開始任何一種說法都會刺激到我，為了意氣之爭，我會想要去證明他們的錯誤，或是聽了奉承的話而暈船，不過頗有理智的我總會讓自己趕緊認清現實、回到屬於我該認真生活的世界，所以我算是反反覆覆進出道場，不過這反覆的時間越來越縮短，每次回頭進入道場總是更失望地出來，而這清醒所需要的時間越來越短。

回去的原因大部分是有信徒的問題沒辦法處理，尤其如果是遇到有錢的重要信徒，他們就想辦法找我回去，當然也有把我激怒之後，我氣不過，就回去搗亂、挫挫他們的銳氣，現在想想正所謂「血氣方剛、戒之在鬥啊！」有幾次回去是因為K老師生病了，他放任那些鬼在身上動手腳，當然按L女的說法是在幫他治病，有一次嚴重到腳都爛了，所以我就回去看看，把那些鬼趕走之後他們給我的答案是：「這是上天的考驗、K老師在為大家犧牲。」好吧，她要怎麼說都行，反正都是她對。此後就依循這個模式：K老師生病、我回去驅鬼、L

女離開、L女哭著回來、我離開，就這樣反反覆覆。上面這種模式進行過好幾回，反正他們能找到自圓其說的講法也就繼續玩下去。

二十七的啟示

我對靈媒帶來的名利基本上不會太眷戀，並不是有高尚情操，而是我知道付不起那個代價，況且我在學校、社工界表現良好，得到很多肯定，交到許多好朋友，不需要透過信徒的奉承來滿足虛榮，而且，我清楚那根本是毒藥。

既然利誘不行那就武嚇吧！捫心自問我是不想鬥的，認識的人都知道我從來不吵架也討厭吵架，不過我的存在總會帶給L女威脅，不管我是否有意，遇到不能處理的事情，舊信徒會拜託我回去處理，更有些老信徒指名要我幫忙，我當時也是滿跩的，還常拿喬，喜歡擺出一副姿態：「不是說我不行了嗎？幹麼又來找我？」簡言之，就是不夠厚道，所以後來當L女累積到一定的實力後，也不客氣了。

李大哥在的時候我挺「靠勢」的，要鬥就來啊！不過李大哥死後情勢就逆轉了，我只剩挨打的份，老實說我很擔心她的報復，被放符法的感覺很糟，我的症狀是一直吐，明明三天沒有吃東西、沒喝水，還是會一直吐出灰色的液體，記得以前上課的時候，實在忍不住會跑出去吐，身體就像是全身燙傷，怎麼都睡不好、一碰到外物就是灼傷的感覺，苦不堪言啊！可是又不能說，說出來就是屈服了，我也擔心父母會勸我既然如此就認了，但我不想這樣認了！既然是錯誤的事情自當威武不能屈！我忍下去、我就不信世上沒有公義！

除此之外，L女會派鬼來煩我，不過這只是煩人而已。有時候心情低潮加上身體痛苦、還有對未來的混暗不明，這些事同時襲上心頭，自殺的念頭總是盤繞著我，遺書寫過一張又一張，繩子也掛上樑過，只是總覺得自己太不孝，都還沒侍奉過雙親，我是父親的獨生女、母親生活的重心，我一走，他們不知會多傷心？這些念頭一直在我心中拉扯。

直到有一次我走到高高的樓層，連腿都有點軟了，貼在扶手上，我在想，我還不夠灑脫……我含著眼淚、帶著恨意仰望天空，用力地對上天說：「祢為什麼要把我生成這樣？為什麼？祢的好玩卻是我不能承受的。好啊！如果這是祢要的結果！我去死，我現在就死，看祢還能怎麼玩我？否則，祢給我一個答案！讓我知道這一切什麼時候結束？」很奇怪，當下我從心底感受到一股很安詳平和的力量，告訴自己：「二十七」。我以為這意味著二十七歲就是我生命的結束，當時，我二十歲。

「二十七」這個數目對我是很有意義的！雖然是在很慌亂的情況下得到，雖然不知道這個訊息打哪裡來的？就像是一個在水中將死之人抓到了浮木，或說是總算為繼續活下去找到一個說法，唉，當認清靈媒的工作是一個上下交相賊的幌子，我內疚極了！不管是輪迴報應的說法或是後世審判的觀點，滿滿的罪惡感讓我連去死都不安心。

「二十七」是我的大祕密！雖然我把它解讀成我死亡的年齡，我也心存著僥倖，告訴自己或許那是象徵重生的數字，我把它放在心底，我相信到了二十七歲生命會有變化，或者是死亡或者是新生。既然連死都不怕了，我的生命態度好像翻轉了一遍，相信有許多朋友會認不出來我是誰。我以前是很文靜的，後來變成玩世不恭的態度，反正只剩下幾年，不如好好玩，反正二十七歲會死，那些鬼和L女在此之前還不至於會把我整死。

所以，我開始會「整鬼」！就是開開鬼的玩笑，它們要我做什麼，我就偏偏不做。幾次下來，我更確定它們除了出那張嘴，也拿我沒轍。人也是一樣，L女說我不聽話會家破人亡，我就回她：「對啊！妳好神！真會通靈啊！我家昨天紗窗破了都知道、我媽媽姓王（亡）妳也知道啊！」他們總威脅我不聽話要小心血光之災，我當然也會回上幾句：「好厲害啊！怎麼知道我昨天練空手道傷到腳趾甲、流血了……」

從此，我開始發揮「幽默感」！記得我大四的時候，L女約我到道場決鬥，我赴約後覺得有點不妙，L女這次是來真的，當天信徒很多，顯然是要給我一個下馬威，有三位女子每人手持一百零八炷香對我施法，三人繞著我、揮舞著香、踏著腳步，我心裡有點擔心，本身已經長得不怎麼樣了，萬一她們拿香往我的臉上燒該怎麼辦。L女照例說著一堆順我者生、逆我者亡之類的話，後來總算輪到我說話，她說：「妳本是某某下凡，如果聽話就能如何（利誘，看電視就知道內容了），如果不聽話就會如何（威脅，沒有什麼新詞），所以，妳現在趕快悔過！要不要接天命？」我狐疑著：「接什麼？」L女說：「接天命！」我說：「接？怎麼接？用水桶接？」我看見L女快要中風的表情，旁邊一干看熱鬧的信徒也彷彿老天爺要劈雷下來的驚訝，L女很明顯措手不及，手也停了、腳步也停了、話也沒了……

過了一會她又說：「妳如此執迷不悟，我要派十二觀音大士去妳家教化妳！」我給了不禮貌的眼神後說：「喔，別太早來，免得我不在家。找不到地址再問我吧！」然後就揚長而去。當晚心裡還是有點毛毛的，不敢睡，果然到了十一點半左右，有十二個手牽手的女鬼飄進來，真是說有多醜就有多醜，我當下瞪大眼睛，指著它們把畢生所會的髒話都罵了出來，竟也就被我罵跑了，我還目送它們離開耶！

從那次之後，L女就比較少煩我了，不過過一陣子大概道場沒戲唱、沒故事說了就來找我挑戰一下，我就這樣來來回回的。值得一提的是，雖然我嘴裡嚷嚷著死都不怕，不過還是會有點擔心，所以每次鬥法之前，我都會跑到天空底下，對老天爺說：「老天啊！如果他們是對的，祢要給我個說法，否則我不服，如果祢有公義的話就不要讓他們得逞！請保護我！」然後再看似從容地赴約。

二十七歲之前要做什麼

我還記得最後一次決鬥，也是把我叫去道場說我身上有「魔」，那次應該也是有備而來，因為也是有許多信徒圍觀，我對總是處於被動的狀況很沮喪，不過也沒辦法，但是我相信老天會保護我，我當然赴約之前也在外面向老天爺陳述一番。進去之後L女和K老師要我站在一堆神尊面前，然後開始輪番做法，約莫三十分鐘吧？

K老師問：「好！現在有什麼感覺？」

我回答：「有耶！好像腳有點感覺？」

K老師：（把一百零八炷香的火力集中在我腳部，然後說）「沒錯！就是躲在腳部，快要被我逼出來了……現在感覺怎樣？」

我說：「我覺得口好渴。」

K老師：「好！沒錯！L女妳去祭改她的嘴巴！要小心！」

我說：「不是啦！站了好久，煙又這麼多，當然是又瘦又渴啊！你們有兩個人輪流，我可是一個人從頭站到尾，要不然拿把椅子給我坐、幫我泡杯茶，你們再繼續？」

場面變得好尷尬啊！K老師只好叫我快回家，我就離開了，那是我最後一次被他們做法，或許他們也覺得自討沒趣吧。

從此之後，我的日子離道場越來越遠，離朋友越來越近，自此展開快樂的大學生活！我好急啊！我錯過許多豐富的生命經驗，什麼事情都想要嘗試，我跟朋友去下午茶、去旅行，我花很多時間看書，參加許多公益活動，我忙得不可開交，把一天當兩天用，我捨不得睡覺，因為我知道之前錯過好多東西，而二十七歲又好近，我要認真積極過日子！

所幸我在學校以及社工界找到滿足與成就感，心理調適得很順利，當然忙碌的生活沒有辦法填補生命缺失的那一塊，不過我相信當我認真生活，老天不會放棄我的，我從認識不同的宗教信仰去尋找答案，期待有個信仰可以回答這一切，可以安頓我的心靈。

我曾經嘗試不同的宗教信仰，民間信仰的部分我會去看看其他的宮廟，但是常常回想到過去，產生避之唯恐不及的反射情緒，看到那些靈媒、通靈的、見鬼的……我小時候還曾經以為人人都應該看得到鬼耶！大概我上了國小才發現看見鬼的人其實是少數。我並沒有對鬼世界詮釋的專利權，這應是任何一位要談鬼的人該時時提醒自己的，免得造成聽者的誤解。

我在不同的宗教信仰之間飄來遊去，心裡倒是不急，因為我想到二十七歲時應該會明瞭，我把「二十七歲」一直放在心底，有時也擔心其實是有鬼拿著這數目在欺騙我，讓我誤以為是真理。我在大四認識了東華大學的蔡怡佳教授，她的先生是我社工實習時的主任，因為兩位都是在台大碩士班研究宗教心理學，所以很有話聊，當時劉主任正攻讀台大心理學博士班、蔡老師在美國萊斯大學攻讀宗教研究博士，我和伶姬成了她博士論文的兩個研究個案。

討論的過程真是痛快啊！怡佳透過討論引發我更多的思考，並藉此初步整理了我的經驗，也教導了我許多知識。從那個時候開始我發覺關於靈媒的議題已經有很多深厚的知識與討論，只是我並不知道罷了。我們進行了數次訪談，這次的經驗對我來說，對靈媒的觀感給我新的體驗，至於產生動力以學術觀點探討靈媒，是到二○○二年秋天的事了。

二○○二年中旬，因為參加課程而認識了申湘龍老師，申老師的課程主要在

---

❶「深度心理學」(Depth Psychology)重在探討個體內在的意識歷程，與更深一層潛意識歷程之間的關係。

❷「榮格心理學」—代表狹義的分析心理學。研究的是心靈的結構和動力，分為意識和潛意識兩部分，後者扮演補償意識型態的角色，如果意識太過於偏執相對地，無意識便會自動地顯現，以矯正平衡。潛意識可以透過內在的夢和意象來調整，也可能成心理疾病，它的內容可以外顯出來，以投射作用的

探討深度心理學[1]，特別是以榮格心理學[2]的角度來討論個人經驗。上課初期的心態，是以社會工作的角度與身分去學習榮格心理學的知識，由於所學的內容是討論整合自己歷史與經驗的過程，因此在課程進行約三個月後，我決定將擔任靈媒的經驗做自我揭露與心理工作。

越多的討論與相關知識的學習讓我越感興趣，雖然因此產生的疑惑常比得到的答案還多，但是我的心裡卻得到前所未有的平靜與安寧。在這段經營生命的過程中我也會偷懶、逃避，但身邊的飄遊不定的鬼魅卻是我最好的提醒，提醒我不要再虛擲生命，應該用積極的態度去誠實面對並付諸實行。

在心理工作進行的初期階段約半年間，我將我的人格狀態以一分為二的方式做處理，一號人格為擔任靈媒的我，二號人格為現實世界中的我[3]，以二號人格的身分去分析一號人格。這樣的工作教我練習如何誠實地面對自己，只是這樣的探討僅止於經驗的描述與詮釋，就像是社會工作的評估與分析，卻無法貼近我的生命。

方式出現在我們的周遭生活。當時學習榮格心理學是想要增進自己對此一流派心理學的知識，以增進評估與處理案主的技巧。

❸ 現實世界中的我，是指假設我沒有靈視的能力，是一個正常的人。

生命有很多可能

失去一位親密朋友的確很痛，當然還有身分認同破碎的痛苦，以前靈媒混得還不錯，本想這是老天爺賞飯吃，乾脆以後都從事這一行算了，「收現金、無賒債、免稅金」，多好啊！不過我自從讀大學後就覺得外面的世界多可愛，在課堂所得到的成就感、讀書的收穫也是很痛快的，所以即使當時有人說我根本不需要讀大學，乾脆當職業靈媒，我卻連考慮都不考慮——當然要上大學！

上大學以前的重心放在樂團，功課基本上都可以應付過去，反正我父母不會太計較成績，我很感激他們，雖然我從小就跟別的孩子不大一樣，不過感謝我可愛的父母，他們總是教我「做人就是要活得快樂！」，他們不是很懂宗教，更不清楚我在道場作了些什麼？家父大部分時間會陪我，或者是我的姊夫，他們看不見我的世界，但我知道他們已經盡力在保護我，家人教我最寶貴的一課：「雖然我當靈媒，但是我也有權利當一般人」。

我的幸運就是在這裡吧？爸爸會陪我練棒球、帶我去球場看比賽還有練書法，只是埋怨他不讓我轉學去參加棒球隊，媽媽買給我第一套棒球用具、帶我去看電影，半夜有棒球賽轉播的時候還會叫我起床、煮稀飯點心給我吃，雖然他們比較喜歡去卡拉ＯＫ高歌，不過每次我的音樂會他們都會勉強坐完三個小時，還有我很謝謝他們買書不手軟，雖然至今他們還是無法理解怎麼會生出喜歡平劇和四書的小孩，我的生活其實一直都很忙碌，或說是多采多姿吧？

所以雖然靈媒是我生命中很重要的一環，但是從來不是全部，這段歷史讓我有許多痛苦，卻也給我許多成長，就像是我最喜歡的〈定風波〉[4]那首詞，那滋味就淡淡地在我心頭……

不當靈媒之後，正確地說應該是不想繼續被K老師所「用」之後，我把重心轉移到學校生活，但還是會幫人驅鬼看病，這一開始也是為了幫助人，到現在仍是，只不過現在對「幫助人」已經有另一層的體認。有些事情不是單方面的一廂情願，我們常常會用「好人」去形容一個人，其實我很討厭這樣，對我來說，當人們說出：「其實他是一個好人！」言下之意就是，我除了說他是好人之外，沒有什麼不是負面的話可以形容他了，另一方面，其實是我們自己想當好人，不是嗎？好人？鄉愿？德之賊？儘管說服自己吧！答案只有自己知道。

可能是讀社工加上跟申湘龍老師學榮格心理學的關係吧？所以總喜歡對道德偽善做點嘲弄。靈媒也算是台灣的顯學吧？雖然人們總是對世界上所有的事物有自己的看法，在分享我的故事之餘，不免想說，請先不要急著說您都知道靈媒是怎麼一回事，我有我的生命、您也有您的生命，或許我們之間會有交集，或是企圖用各種理解與分享去看對方生命的道路，然而，生命的道路有時連自

4　蘇軾〈定風波〉：莫聽穿林打葉聲，何妨吟嘯且徐行。竹杖芒鞋輕勝馬，誰怕？一蓑煙雨任平生。料峭春風吹酒醒，微冷，山頭斜照卻相迎。回首向來蕭瑟處，歸去，也無風雨也無晴。

己都看不清，請先別告訴我該怎麼走，因為，終究我還是要為自己選擇走下去的每一步路去負責、去努力。

永保赤子心[5]

苦悶的心情在大學、工作與棒球找到出路，隱藏靈媒身分後，日常生活適應還可以，只要把身段放低，不會有人刻意找我麻煩，只要謙虛自持，不會特別感覺有人看不起我。真正要克服的是自己的慾望，當靈媒時的虛榮與權力，總會搔得人心癢癢，自以為是的傲慢不是一時想丟就丟，所幸第一份工作就是留在畢業的大學當助教，老闆們是老師，他們不與我這個小毛頭一般見識，即使是工作，也仍把我當學生一樣繼續教導，給我一個安全的環境，容許犯錯後再從中學習。

開始體會到「活著真好！」，只要活著，事情總會有出路的，雖然我面對這麼多鬼和道場的是非，小小年紀必須面對人性的醜惡與利益的糾葛，不過，人生總有活下去的意義，我總是會看見生命中美好的事物，看見孩子的笑容就足以讓我心情愉快一整天，對於靈界事物我開始漸漸淡忘。

---

5 在我最困頓迷惘時，我想起國中三年的導師劉素雲跟我說，我最難能可貴的一點，就是不論遭遇什麼事情總懷有一顆赤子之心，並且建議我往後的人生繼續保持下去，不要讓世俗紛擾失去了我的赤子之心，當時似懂非懂，在我最難過的時候想起這句話，並且到現在還深受鼓勵，助我面對所有的挑戰，感謝劉素雲老師。

要離開道場這些糾葛是不容易的，過去的信徒總是有辦法找到我，然後動之以情或利，所以我有時候還是會出現，人情壓力是我比較難處理的，不過這時候當靈媒已經沒有什麼感覺了，靈或不靈都與我無關，因為開始工作賺錢，我此時真正分文不取，有時連辦事後的那頓大餐也食之無味，衣著更不用說，總是T恤、短褲、球帽加涼鞋，還有一次我實在湊不出時間，剛練完空手道就直接趕去，就穿著空手道服處理，我現在回想起這些畫面都還想笑——穿著空手道服的通靈者。通靈這檔事不過是翻譯，很多禁忌是人們自己在唬人，我刻意不注重衣著，就是想要打破大家陳舊的觀念，不過，要達到我理想中的成效的確很難，我不確定怎麼做才好，總之，走自己的路總比被把持著好。

自從李大哥出事之後我就沒有再交鬼朋友了，古時候的人說「人鬼殊途」是很有意義的，心中至今還是有哀傷，有種害死朋友的感覺，加上鬼說的話真的是「鬼話連篇」，誠實的沒幾個、大部分又笨、又沒知識，講起話來真沒意思，我裝作沒看見它們、也不主動問它們是否需要幫助，久而久之跟它們的聯繫就越來越少了，當然偶爾在路上還是會看見，不過就當成是路人算了。

爾後我更強烈相信鬼會在某些人身上是不無道理的，我的正義感已經薄弱到當這種人問我身體與家中是否有鬼時，我就回答：「這種事你說有就有、沒有就沒有。」

對於自幼就有靈視能力的我而言，卸下靈媒的身分仍會看到它們的存在，只是我不去利用或是固定與它們溝通罷了，我也不討厭它們，總覺得世界上沒壞人、也沒有壞鬼，大家不都是為了生活嘛，何不就各自好好過日子？所以現在我偶爾看到需要幫助的鬼也會幫個小忙啦，不過我幫的忙不是跟它們說話，頂多給它們東西吃，東西放了就走，看到有些鬼無家可歸、飢寒交迫也是挺令人難過的。以前我甚至會把孤魂野鬼帶回家住，它們知道我是暫時收留，所以會乖乖待在我的房間，直到有一次已婚的姊姊回家裡，沒有先問過我就進去睡午覺，據說是爬著出來的，因為有東西在拉她的棉被！我回去知道後就回房間問到底是誰在搞鬼啊？它們還說：「不知道那個女的是誰？所以就把她趕出去了。」我覺得這幫傢伙還挺有義氣的，所以就直接跟家人說明，可是我的家人非但沒有誇讚我的鬼朋友夠義氣，還不准我以後把鬼帶回家，真是一幫無理的人，不過後來我就沒有再這樣做了。

抱著赤子之心來看，這些鬼真的比人好相處多了！所以遇到難過的事情又如何？我沒辦法把醜事遏止，但是我永遠相信世上有著美好，保持赤子之心，或許二十七歲的大限快要到了，但是我讓自己沒有後悔地過著每一天，我規劃著二十七歲前努力賺錢、之後一定要離職去做自己喜歡的事情，我也的確做到了，我把每一天當成最後一天。

後來的道場

離開道場是藕斷絲連的過程，只是反反覆覆的時間越來越短，約莫2005年左右就幾乎沒去了。離開道場後很積極投入其他活動，時間也變得飛快，我的外貌跟著改變，現在的我雖然還是時常一派嚴肅，但是笑容相對增加許多，生活中當然也有挫折與困擾，但是我相信一切都會越來越好。

由於不再接觸道場與相關環境，得知的訊息並不多，一開始多半是道場積極放出來的風聲：「聽說妳現在不當靈媒所以日子過得很悽慘？」這種話已經無法激怒我了，我過得如何不需要跟道場報備或比較，也不會太在意他們過得好不好，頂多只出於相識一場，不把場面弄難看，大家好聚好散。

有時候會有人刻意跑過來找我，告訴我現在道場經營得有聲有色，有多少達官貴人進進出出，少不了明示或暗示我：「離開多可惜啊！大好的前程耶！」我也只是聳聳肩說與我無關，靈媒這碗飯我捧不起、嚥不下。接下來的消息也不意外，L女過了段時間因為某些衝突離開K老師，據說也曾哭哭啼啼回去下跪、重修舊好，這些過程我不清楚，輾轉又有人告訴我，L女離開後寫封信給其中一位信徒，說她現在過得非常好。這些消息多半是信徒轉告我的，我並沒有追問更確切的消息。

二〇〇六年的四月十九日，我對這個時間印象深刻，因為當時正試著把這些過往用文字記錄下來，又有人找上門來問我：「可否幫個忙？」需要幫忙的對象正是L女，不需要考慮太久就決定婉拒，不是我不想幫忙、而是覺得無能為力，有些關係是當斷則斷，不該繼續糾纏，能做的早就說了：「當靈媒不是不歸路，是自己的選擇。」是成人了，總該可以辨別是非並為自己的決定負責吧？

至於K老師的道場在我離開後一年多就收了，官方說法是原屋主不續約，我沒有多做評論，看他們急於為自己解釋的樣子：「不是我們辦不下去，是屋主不願意續約！」就不忍心多講兩句，現在K老師回到原本發跡的地方重操舊業，等待需要他拯救世界的那天到來，與病痛一同修行。

第九章　邁向新生活

即使不確定未來、儘管心中忐忑不安，還是得要抬頭帶著笑容往前看，過去花了太多時間當靈媒，而錯過許多學生生活，自覺死期將近卻不想束手就擒，不想自憐自艾平添憂愁，因此下定決心秉持父母師長與書本中的教導：自己的生命靠自己創造。夢想不能只是空想，由於許多貴人的相助，現在的新生活竟完全出乎我的意料之外。

享受此時此刻

大概快滿二十六虛歲前我更積極籌劃後事了。遺書已經不知道改過幾次，也盡量或多或少向家人透露，保險的理賠金也估算好保證能讓我家兩老在百歲前生活無虞，然後我按照計畫：「離職讀書去」。拜託，我可不想死在辦公桌上！

我完成了很多自己的心願：離職去讀宗教研究所、到日本看職棒、與我姊的小孩出國旅行、去看吳哥窟、協助舉辦關懷弱勢少棒營隊，還有很多之前想做但做不到的事情，不論如何，現在想來還是收穫很多。

二〇〇五年的九月抱著必死的決心去讀了宗教研究所，想享受一、兩年盡情讀書、無憂無慮的學生生活。身邊的羈絆越來越少，還是有人會要我幫忙處理事情，這時候我變成採總量管制，因為我能夠呼吸的次數已經是倒數階段，哪有時間去做自己不喜歡的事情？拒絕別人一向是讓我感到困擾的事情，反而因此進步了，我甚至會說：「老天就要把我收回去了，去找別人啦！」

鬼魂在我生活中越來越渺小，反正過沒多久我就只能跟它們說鬼話了。這段準備時間我大多在接觸藏傳佛教，我思考輪迴轉世的議題，特別是《西藏度亡經》，這本書是在說人死到轉世的過程，我試圖對中陰身（死亡到轉世前的意識）的控制做點練習，以便我死後還能盡力控制神識，不要又糊裡糊塗轉世。當然，我也重新開始打坐，這都是控制自己神識的鍛鍊。

很多人都說我適合嫁給德國人，因為我照著行事曆一板一眼的堅持會讓旁人有點看不下去，沒辦法，我很討厭事情無法控制的感覺。不過，這不代表我能真正規劃自己的生命，換句話說，我好像有點搞錯狀況了，因為我現在早已超過二十七歲啦！種種跡象顯示會繼續活下去耶！

我一直相信人什麼時候要走是早就決定好的，我以前稱這股力量為「天」，我以前常常會覺得天把我此生的程式有點弄錯了，好像有個開關忘記關，所以我才會被生成這樣，反正死後就會重新開始，所以也不會特別難過。

不確定方向但一路都很努力

三天兩頭總有人問我以後要做什麼？隨著心情我有不同答案，反正對方應該也不是真的很有興趣想知道。不過這個問題我倒是常常問自己，到現在還是一頭霧水，雖然我抓不出大方向，但是階段性目標都執行得不錯，例如現在的任務是寫好碩士論文，生活穿插我喜歡的工作、棒球、空手道和音樂，其實每天都過得很充實。

從小看鬼當靈媒有個缺點，就是大家會以為我什麼都知道，其實我絕大部分都不知道！我只是單純看到鬼、有時候跟鬼聊天，如同我們一天到晚打電腦、用手機。每個人看到同一件事情會有不同的理解，況且只有我一個人看到鬼，又沒有人跟我討論核對？我只是不小心看到路邊的野鬼，我怎麼知道它們是怎麼回事？我是可以問問它們，但是沒聽過「鬼話連篇」嗎？不同的鬼跟我講的都不一樣，到底該聽誰的？

我只是認識一些鬼，但不代表我就知道真理，我也不知道鬼世界的全貌，至少我不知道鬼的去處。這時候一定有人說：「那是妳修得不夠！」但是誰能告訴我什麼叫作修得夠？我當然也可以大聲說：「眼見為憑，我看到的都是真的！」但我選擇不要，因為看到也不見得是真的、沒看到也不見得是假的。老老實實過日子才是千真萬確！

從以前到現在總是有人想問我「未來」，我連自己以後要做什麼職業都不知道了，會知道你家小狗生的是公的還母的嗎？我是會一點「感應」，有時候我自己也覺得很神奇，但是通得準又怎樣？會因為我說好就好、不好就不好嗎？能改變什麼？不過就是錦上添花或落井下石罷了！連我自己都不相信了，怎麼有人對我這麼有信心？

讓一位靈媒用各種通靈故事告訴大家：「不要相信通靈！」會不會太諷刺？有時候我自己都覺得好笑，搞得生活充滿矛盾，一方面好像我都知道、另一方面我又都不知道，嘿嘿~別看我的人生故事寫得很好笑，這過程可是有歡笑也有淚水的。在我前面好像看不到「典範」，那種健康、有好下場的靈媒。鬥法、鬼申冤聽起來很刺激，但我只是想過「快樂」的生活，卻一堆人每晚等著問我：「我的問題怎麼解決？」

直到今天還是有人問我怎麼經營靈媒事業，拜託！我是個活生生把道場經營倒閉的人耶！怎麼會問我？當年我的確也想把道場經營成新形象的健康事業，但仍是倒閉了。因此，我真的只能提供：不要進來這圈子的建議。

我的下場算是不錯的，自從進入大學社工系後，透過學習慢慢整理自己，這過程花了數年之久，摸索這麼久後我還是相信「誠實最上策」！隨著時間逼近，我開始積極規劃有限的人生，一開始並不是非常順遂，可是怎麼樣都比過去的生活安心踏實，隨著適應不當靈媒的新生活，對於所謂的生命有了新的感受。

生活適應大不易

生活適應的煎熬是在自己，明知當靈媒不是我要的，卻又會質疑自己的決定是否正確？即使埋首工作、享受棒球和空手道，卻仍難擋夜深人靜面對自己的那一刻，那種孤獨與惶恐，實在難受。

跟申湘龍老師學習榮格心理學對我影響很大，說是上課不如說是師徒制，因為我們上課不是坐著聽老師講，而是每週一天到老師家，從晚餐談到凌晨，最早回家的時間是深夜兩點、過夜更不是一次兩次，就這樣「磨」了一年多，想想也真是不容易，還很認真做了夢工作，在那裡可以掏心掏肺地說心底事，再者自己的夢是不可能騙人的，在那裡我對抗各種心理防衛機制，瞭解自己、看看別人，這樣的訓練很扎實，也挺痛苦的，有許多學生不堪老師的訓練半途而廢，或許是個人特質所致，我不害怕誠實面對自己以及他人的黑暗面，所以這段期間我覺得收穫很多，在道場和社會這麼多年，不敢說見多識廣，不過我自認很認真誠實去面對過往，因此這都是我很好的反思材料，一些心理歷程很難分享，用最簡單的話來說就是「學習是一輩子的事情！」

我運氣非常好，剛好住家離中山精舍不遠，而去參加了「學佛五講」的課程，每週一次，由果祥法師主講，我開始有系統去認識佛教。果祥法師知道我的狀況後，帶我到北投爬山談心，由於她佛學造詣深厚，凡事照著我能懂、能服的道理開導我，總算我可以放心告訴她心底的懺悔和恐懼，法師給我溫暖的安慰和正念，那段時間我向法師表達我的懺悔，那悔恨的折磨是無窮無盡的，因為我根本不知道過去犯的罪孽有多巨大？

總算能誠實面對自己的感覺真是如釋重負，我終於能心平氣和面對過去，於是我開始書寫、開始回憶，寫下自己的過去與朋友分享。後來也很幸運因工作關係，認識很多法鼓山的法師，才發現有些法師的幽默感根本不在我之下！果光法師有陣子老勸我出家，有天突然問我：「是不是山上要成立棒球隊，妳才會考慮在法鼓山出家啊？」我點點頭說：「生活中沒棒球怎麼活啊？」沒想到果光法師又略有所思地說：「嗯……在戒律上要成立比丘尼棒球隊是有些困難。」

即使是生活關懷也一定要搞得很另類，有回我去開會不小心撞到桌子，果賢法師趕緊過來關懷：「有沒有怎麼樣？」有空手道基礎的我當然沒事，連忙說：「別擔心、我沒有怎麼樣。」但果賢法師說：「我是問桌子有沒有怎麼樣？妳不要把我們桌子撞壞了。」也是啦，法鼓山使用金錢挺精省的，實在不好給她們搞破壞，與這些搞笑法師相處，總能開發我的內在潛能。

果鏡法師是我最喜歡的法師之一，因為她看起來就是我想像中法師應該有的樣子，非常慈祥和藹，臉上總是掛著笑容，肚子裡有滿滿的學問，那修養真不知道要怎樣修才能有這樣的氣質？不管什麼疑難雜症她總會笑笑地說沒關係，每次想到她，總會讓我覺得生活上的困難都不算什麼，笑一笑、一切不愉快都會過去的。

至於果毅法師人如其名，老是自願或非自願地走上剛毅堅強路線，我最喜歡與她真心話大冒險，講起心事總會變成笑中帶淚、淚中帶笑。本書在尋求出版前有與其他出版社接洽過，有編輯要我多練幾年文筆再說，不過擔任法鼓文化總編輯十多年的果毅法師總是鼓勵我繼續寫，本書才有今天的面貌。當然我也會向她請教佛法，討論內容很有趣，讓我發現，其實佛教與一般民間信仰差距很大，一些不肖靈媒裝神弄鬼，套用宗教語言自行發揮，讓本來帶給大家精神食糧的信仰，反而變成恐懼、困擾。

很感謝法鼓山的法師陪我走出過去的陰影，她們從不指責我過去從事靈媒的錯誤，更未提過這種遭遇是上輩子造孽的報應，她們的關懷與溫暖讓我相信過去的一切只會讓我更成熟，而將盼望放在未來。

與法師們的相處讓我發現「歡樂」是很重要的指標，也是我做人的宗旨。那種時光一過不復返的哀戚，即便我現在一天當兩天用，也不能把童年再找回來，過往的虛榮無助於解決今日的困難，所以到最後也只能一笑置之。相處的笑聲中讓我體會到：人的修行在家庭、在工作、在朋友、在生活！而不是那些不知是神是鬼的靈界訊息。

成為穆斯林[1]

伊斯蘭[2]對台灣民眾而言是個陌生的名詞，民眾除了對此無知之外還有因媒體誤導而產生的莫名敵意。家父在一九七九年赴沙烏地阿拉伯工作，參與建設利雅德國際機場，在那裡的三年中接觸到許多穆斯林，讓家父對於穆斯林看淡生死、樂天安分的生活態度，相當有好感與嚮往，可惜隨著工作結束，無法有

---

❶ 穆斯林俗稱回教徒。「穆斯林」的意思是順服真主的人。

❷ 伊斯蘭俗稱回教，伊斯蘭的意思是「和平」、「服從」。和平的意思指內心和平，對周遭也保有和平的態度；服從是指對造物主的順從。伊斯蘭更寬廣的意思是因順服造物主而達到和平。

更進一步的認識。

為了尋求真理，我選擇到宗教研究所進修，這段期間可以接觸各種宗教信仰，當然我也藉此把書架上幾年前，在台北國際書展一位中東穆斯林給的中阿對照《古蘭經》拿出來閱讀，並藉著二〇〇五年十月底齋戒月參觀清真寺的機會，踏進台北清真寺，向阿訇[3]直接請教生命中的疑惑。

那次參觀除了認識基本的教義外，特別把握機會向王阿訇與Musa阿訇請教，當我得知伊斯蘭清楚指出「精靈的食物是炭、最常出沒的時間是清晨與黃昏」以及「堅決反對拜偶像」與對「真主安拉[4]」的看法，是過去孤陋寡聞的我完全無法想像的，為此被深深震懾住。

我從清真寺帶回更多的書籍研讀，深深被伊斯蘭吸引，在爾後三天，我不停問自己：「到底有什麼理由不能成為穆斯林？」在與家人溝通後，我便前往Musa阿訇家中請教宗教知識，也在當下成為穆斯林。成為穆斯林不代表就具備伊斯蘭知識，伊斯蘭的知識必須是點點滴滴的學習與累積，除了研究所的宗教學習外，也隨著教授前往印尼、馬來西亞參訪，認識更多的穆斯林與拓展知識，並在王阿訇的耐心教導下，從字母開始學唸《古蘭經》。

剛成為穆斯林時有許多生活習慣的改變，受到許多教親的關懷與幫助，王阿訇、Musa阿訇夫婦與沈媽媽等等，還有遠在比利時的鄭泰祥夫婦，透過無遠弗

---

❸ 伊斯蘭教中受過完整宗教知識訓練與德行者，為穆斯林傳授宗教知識。

❹ 安拉（Allah）是阿拉伯文「唯一的主」的意思。安拉不僅是穆斯林的主，祂是所有造化物的主宰，因為祂是他們的造化者與撫育者。我們人類大腦所能想像到的任何東西，都是大能真主所造化的。

屆的網路，由他見證家父的入教。由於伊斯蘭的信仰，讓我成為更健康、更快樂的人。

過去受到《道德經》的影響，相信世上萬世萬物都是相對的，不過這讓我沒辦法悠然自在，因為這種所有都是相對存在的觀念，就像是漂泊的浮萍，很容易落入不安當中。當阿訇跟我說真主是唯一、獨一的絕對，是沒有形象、無須供養的造物主，我感覺找到了想要的答案！的確，萬物是相對、是演化、是一環扣著一環，不過總應該有最先前的那點推動力。有信仰的感覺讓我如釋重負，使身心安定了下來。

過去曾預測自己將在二十七歲結束性命，因此讓自己活得有時像是等死、有時像是不要命，時常惶惶不可終日，只求心安卻不可得，有時憤世嫉俗，埋怨自己的命運，沒有信仰的生命既無助又可悲，盼著二十七歲的死亡得以解脫，又害怕那是另一段痛苦的開始。二〇〇五年的齋戒月信仰伊斯蘭後，獲得從未感受過的身心平靜，生命變得有所盼望，回頭一看才猛然發覺，原來那年我正是二十七歲。信仰伊斯蘭使我過去已死，開啟前所未有的新生命，讓我對當下有平安、對過去有接納、對未來有希望。

當然成為歸信的穆斯林也有許多困難，生活習慣的改變，還有外界因無知產生的誤解，當個穆斯林在台灣對我來說很不容易，不過這世上難道會有簡單的事情嗎？人能做的只有努力，況且辛苦之後嚐到的果子，總會特別甜美。

棒球裁判與翻譯

此時另外一項挑戰是投入棒球裁判的工作，當初只是因為興趣報名參加，可是我的運氣很好，一開始便遇到反對女性擔任裁判的前輩，甚至要我不必參加研習完後的測驗，理由竟是沒有人要用女裁判。我只好拿出收據告訴他：「我付了報名費，你就得讓我把測驗考完。」

順利通過測驗後才是更大的折磨，都已經廿一世紀了，竟有裁判不肯坐女生坐過的椅子，更不准女生碰他的裝備，我心想上天要教的收斂忍耐難道還不夠嗎？那過程真讓我曾經氣到想要「開壇作法」，可是不能再走回頭路，任何不合理的對待我都逆來順受，克制自己不想起過去「別人是如何尊敬我」，那只會讓自己不滿情緒更加高漲，無助於現實環境，我把這些當成考驗，沒有堅持就看不到成果。

雨過一定會天晴，就算是在熱帶雨林，也會有雨停的時候。棒球從小就是我的最愛，待在棒球場的幸福感讓我在打球之餘，也想擔任棒球裁判和翻譯，只是棒球裁判路一開始並不順遂，站了棒球壘審許久後還是不能擔任主審，我幾乎要說服自己：「女生當壘審就好。」總有人不斷地「勸退」，用各式各樣的理由企圖說服我，讓我印象最深刻的是對方指著一副主審護胸對我說：「妳看到這個護胸嗎？它從來不是為女人設計的。」有時候我真的很納悶：為什麼老天爺總要我走「勵志路線[5]」？

當我就要「認命」時，感謝中華棒協給我機會在二〇〇七年擔任世界盃棒球賽澳洲國家隊的翻譯，這真是我最美麗的回憶之一，他們除了練習時讓我站主審判球，球員也會找我一起熱身練球，教練甚至在正式比賽前的打擊練習，把我當正式選手一樣叫上去打球，當我透露覺得女生似乎只能當壘審時，球員和教練大聲鼓勵我：「大聯盟的球都判過了，妳當然可以當主審！別怕，我就站在妳身後！」

澳洲教練與球員們是讓我持續堅持下去的貴人，每當喪氣挫折時向他們傾訴，總會因他們的鼓勵再度充滿勇氣；當然，也得到台灣棒球界人士的鼓勵，好友鐘孟文至今的支持，甚至還幫我找到苦惱多時的「女用護擋」，讓我可以安心擔任主審工作，否則為了當棒球主審而要冒絕子絕孫的風險，這也未免太過熱血了。

擔任裁判打死不退一年後，終於等到擔任主審的機會，感謝洪夙明老師的提

---

❺當然也有對我悉心指導的好前輩，三位國際級裁判郭秋谷前輩、朱旭光前輩和曾文彥前輩，從第一場正式執法至今都對我指導與照顧有加。也感謝吳宏益老師給我站裁判的機會。

攜以及新店棒協吳宗義會長的支持，我終於得到擔任主審的機會，還記得當時洪老師指派我當主審的時候，有裁判當場阻止：「讓女生當主審不行啦！」洪老師很大聲說：「為什麼不行？你告訴我為什麼女生不能站主審？為什麼？」我心中暗自高興到難以自已，好想躲在洪老師背後作鬼臉說：「就是說嘛！」

但是事情並沒有就此一路順遂，王子與公主從此過著快樂的日子，二〇〇八年不幸發生幾件又讓我幾乎放棄夢想的事，為了遠離是非，又返回基層當義務裁判，但是事隔兩個月後，事情有了出乎意料的發展，棒協再度邀請我擔任美國洋基隊教練的翻譯，愉快相處一週後，教練們[6]決定要送我一套量身訂做的主審護具。

這簡直像中了樂透，豈知好事接踵而至，為了那套量身訂做的護具，教練們要我直接去找位於林口的護具製造商通德興業。通德製造許多運動護具，包含All Star與+POS等知名品牌，在美國有將近百分之四十五的市佔率，與董事長陳前芳先生及經理陳雅綺見面相談後，陳董事長說：「我贊助妳到六十歲！」等護具寄到家裡、過了好幾天後，我才慢慢相信這件事是真的。

有了護具也需要舞台，生命又一個轉折出現，真的非常感謝中華棒協裁判長廖文靖老師，他在二〇〇九年二月指派我前往香港擔任第二屆鳳凰盃國際女子棒球賽裁判，第一次出國參與比賽的經驗，至今想起來還是會緊張，此行讓我

---

❻ 洋基小聯盟總教練Pat McMahon、體能教練Mike Wickland、投手教練Eric Schmitt、Carlos Chantres、捕手教練Julio Mosquera與亞太區經理George Ross。

更確定一定要努力當個好裁判！既然都有用不完的護具了，還不站裁判實在是有違天理。

這場香港舉行的國際比賽，有國際選手也有外國裁判，那裡我結識了澳洲裁判馬克古丁[7]（Mark Gooding）與珍奈（Janine Thompson），我們相處愉快，而馬克很樂意教我裁判技術，於是邀請我同年四月前往澳洲吉隆市的澳洲全國女子棒球賽中執法。在馬克與所有伙伴的照顧下，我又有一趟美好的經驗與學習之旅。

澳洲行返台之前，馬克給我很多忠告，其中之一便是鼓勵我前往美國接受裁判學校[8]的專業訓練。我連美國都沒有去過耶！況且那一大筆的費用怎麼存？就連出國當裁判都得省吃儉用。而就像再次中了樂透，此時，接獲陳前芳董事長伸出援手：「妳有心想學就別擔心費用，我送妳去美國裁判學校學習，也贊助妳未來出國比賽的費用！」世上真有這麼好的事情嗎？可確實就在我犯太歲的這年發生了！

棒球裁判是生命中意外的考驗與收穫，對我來說不只是堅持一件事情並得到好結果，更是確定自己可以不靠靈媒這個身分，贏得尊敬與肯定。也因此，現在我更可以「平常心」看待我曾經是靈媒這件事情，那是我生命中曾經發生過的一些故事，我從中努力學習、滋養智慧、磨練品行。倘若真要用心計較到底

---

❼ Mark Gooding 擔任裁判二十餘年，現為澳洲維多利亞省裁判長。

❽ 為期五周完整的訓練課程，成績優異者可獲得職業棒球裁判合約，如同棒球選手一般，從小聯盟開始執法，最高殿堂則為大聯盟執法裁判。

跟靈媒有什麼關係？二〇〇九年的夏天我再受棒協厚愛擔任中華隊翻譯，隨球隊前往美國參加世界少棒錦標賽，興奮之情難以言喻，好想大聲地說：「我就是天生當翻譯的料啦！」

第十章　靈媒與其社會意義

在我人生不同時期對於靈媒有不同的認定，當然也與其他靈媒或外界的認知有所不同，或許每個人都對，因為我們只各自看到其中一面，現象本身沒有對錯，神棍的問題乃因抓住民眾的弱點惡意欺騙。我覺得對靈媒或靈異之說不必大驚小怪，當成是自然現象就好，人們也別淨往裡頭鑽，要從中找到康莊大道是不容易的。

眼見不一定為憑

由於從小看得見鬼，對神鬼之事，就算別人跟我說，也要「眼見為憑」，不過基本上還是以一般民間信仰為架構。然而，當我認識蔡怡佳教授後，幾次的深談讓我接觸了學術界的看法，這引起我的興趣，但是當時我的職志是社工，沒有想到日後會進入宗教研究所研讀。重新認識鬼魂的面貌令我感到耳目一新，我讀了書後也覺得不無道理，於是漸漸開始用新的眼光去探索：或許鬼不只是我想的那樣。

認識申湘龍老師後，他大膽推論或許我看見的靈視是人們的 anima 和 animus。這是榮格心理學的理論，細細討論後發現這個觀點只能提供部分解釋，套用上會有困難與矛盾，但這樣的討論是很有收穫的，我開始探索或許鬼的世界不只是這樣！另一方面，我學乖了，我早就知道鬼話連篇，我試圖以更精準的問題去問卷調查我身邊的鬼關於它們世界的事情，令我震驚的是，它們其實也答不上來！原來「鬼界的歧見很深的！」

鬼世界中似乎也會互相學習，它們的知識也是從其他人類和鬼伴之間互通，當然也會有以訛傳訛的狀況出現，曾有很白目的鬼問我：「你們不是看到我應該要很害怕、要燒紙錢給我嗎？」還「應該」哩……有本事你來搶啊！

這些過程讓我益發覺得或許過去父母跟我們說的宇宙觀、生命的起源與結束、鬼神的世界未必都是真的，社會大眾的觀感與輿論、書上的描述、大師的開示都各有道理，但是對於鬼神的詮釋未必完全是真的，我甚至覺得很多錯得離譜，別的不敢說，但至少在我生命結束前，要向大家分享我的見聞。

我跟鬼做面談其實對鬼世界的瞭解沒有什麼幫助，越問只是越覺得白目鬼的比例好高！所以我開始往學術、宗教去探索，特別是藏傳佛教與法鼓山，我還是會繼續打坐，不過打坐的目的與意義已經跟往日不同，日子這樣過著似乎也相安無事，不過我總覺得少了什麼？總感覺世上應該有真理，不過我好像還沒有摸到？有時候因為二十七歲大限我會感到心急，焚膏繼晷讀著古文和宗教書籍，有時候卻醉心於棒球、空手道、平劇和二胡，想說心急也沒有用，這段時間心境是很複雜的，不過大體而言，比以前好多了，至少我是為自己而活。

對於坊間的大師、專家我無法評論，每個人所定義的鬼世界都不一樣，跟鬼接觸或感應的方式也不相同，如果可以統一，我們動物園的夜行館就可以多一個「鬼專區」了吧？還可以展示世界各國不同種類的鬼！不過這不大可能實現。對於所謂的神鬼，還是相信胡適所言比較好：「大膽假設、小心求證」。就我而言，連我都不相信「眼見為憑」。

靈魂與死後世界

容有為齊王畫者，齊王問曰：「畫孰最難者？」曰：「犬馬最難」。「孰最易者？」曰：「鬼魅最易。夫犬馬，人所知也，旦暮罄於前，不可類之，故難。鬼魅，無形者，不罄於前，故易之也。」（《韓非子》）

從古至今的民間信仰中，經常可以發現對於靈魂存在與死後世界想像的資料，甚至人死之後有某種形式的存在，是一切宗教信仰的基礎[1]。也因為中國並沒有強而有力的一統宗教，加上範圍遼闊、地理條件不同、人口眾多等因素，對於神鬼及死後世界的概念便如同上述《韓非子》的文字所描述，是屬於模糊邏輯[2]，依每個人的期待去認知，因此無法找出放諸四海皆準的概念化定義，不過，這反而能使人們從信仰中獲取個別期待的需求，而給了人們富有彈性的信仰動力，在此情形下，信仰的力量更具有影響力。

關於人們為何會有鬼神靈魂的信仰與死後世界的想像眾說紛紜，事實上，鬼神概念的存在對於一個社會的延續有其必要性，時至今日，仍然有許多人類無法解釋的現象與事件，自然會去找尋這些現象的歸因。再者，人類亦必須對於存在與死亡，以及死去的社會成員賦予解釋與意義，甚至使所信仰的鬼神觀反過來影響人們的文化生活、維持社會秩序，在在都使得鬼神信仰成為人們生活中不可或缺的一部分。

不管從文獻或考古資料，都可以看見先人對鬼神信仰的活力，可得知產生鬼神信仰的背後，必定為多重而複雜的因素，才會使人民支持著這樣的信仰，也讓這個信仰廣泛地影響人民的生活。由於缺乏資料，很難考證史前時代的人們對於鬼或死後世界有什麼樣的看法，不過商代的甲骨文中已有「鬼」字的存

❶ 蒲慕州《追尋一己之福》，頁92。
❷ 包華石〈早期中國藝術中的精靈與載體〉，頁84。

在，且具有「惡靈」的意思[3]，「靈魂」與「鬼」的概念自殷、周時代開始發展後，及至漢代以「神鬼」通說「魂魄」之名，在當時期的文獻《左傳》、《周易》、《尚書》和《莊子》等書中，「神」、「鬼」和「鬼神」是可以相互交換的用詞，由此可知人死為鬼與神明的概念還沒有完全成形[4]。

大體而言，人死後的去處在商周以王室為中心的宗教系統中，先王先公是「在帝左右」，也就是到「天上」與上帝會合[5]。至於一般人是否能夠上天？以殉葬的習俗來看，若商人不相信臣僕奴隸死後也有某種存在，也沒有理由以人殉葬了[6]。由此可知商周時期的人們對於死後仍有一個世界，已經有某種程度的想像。

就墓葬考古資料而言，更容易讓我們瞭解中國古代死後世界想像的轉變[7]。到了戰國末年，因周天子已無法控制葬禮制度，人民便開始依照自己的能力與想法改變墓葬形式，便有日常所居住的磚造形式，並出現「門窗」的結構。

陪葬品從禮制所規定的表達死者身分地位之青銅禮器，漸漸被日常生活用品取代，這種現象到漢代更為明顯，從磚式墓室與陪葬品的生活化，不難看出人們對死後世界的想像越發貼近生活。

到了六朝與唐代，佛教[8]的蓬勃發展並與道教的糅合後，紙錢的使用、「魔」的加入[9]，看來不但沒有讓兩種信仰產生矛盾與衝突，反而更豐富了人們

---

❸ 蒲慕州〈中國古代鬼論述的形成〉，頁25。

❹ 蒲慕州〈中國古代鬼論述的形成〉，頁27。

❺ 蒲慕州〈中國古代鬼論述的形成〉，頁94。

❻ 蒲慕州〈中國古代鬼論述的形成〉，頁92。

❼ 蒲慕州〈從墓葬形制的變化看中國古代死後世界觀的轉變〉，《歷史月刊》，一九九九年八月，頁74至78。

❽ 在佛教觀念中，人死不一定為鬼，「鬼」只是六道輪迴中之一。

的鬼神信仰與對死後世界的想像，讓死後世界的體系「運作」得更加完整，這點可以從多采多姿的文學與蓬勃的宗教活動中看出端倪，至今仍鮮活地在我們身上發生，即便近代科學發達，也無法全面改變人民的信仰與宗教活動。

不論是哪一種宗教，都必須說明人從哪裡來？又要到哪裡去？鬼信仰雖然很少是研究主體，但它絕對是民間信仰能繼續傳承的重要原因之一，對死後世界栩栩如生的想像，是這個信仰的中心價值，也因此在影響人們的思考與行為中，鬼信仰從來沒有缺席過，它是很多人合理化這個世界的出口，但是我們未必很清楚瞭解什麼是鬼神信仰，甚至在瞭解的過程中時不時會被冠頂「迷信」的帽子，靈魂與死後世界似乎是「大家都知道的事，就是沒人知道的事」。

雖然靈魂與死後世界沒有一個清楚界線，造成上述的心情不安，但是透過前人的研究，我們已經可以看出古代人們大致的世界觀與對當時生活的影響，也可以知道所謂「死後的世界」並非一直如我們現在的認知，觀念會隨著時代而改變。也因此我們可以反思：「大家都燒紙錢、所以也要燒」、「聽說要這樣拜比較好、所以跟著做比較好」，這樣的想法是否適宜？

---

❾ 佛教將「魔」的概念引入中國。

靈媒的產生與社會現象

靈媒的存在歷史悠久且似乎是永不消失，許多學科都將靈媒或相關活動歸在宗教出現以前或是宗教形成前期。不過，就算在所有宗教蓬勃發展後，仍無法取代靈媒，相反地，很少有宗教不帶點靈異因素，就如同人類學家Malinowski所言：「世界上沒有無宗教、無巫術的民族，不論該民族是多麼的原始。」

靈媒在中國上古時期曾經一度擁有很高的政教地位，至周秦以後則急劇沒落。其關鍵一是周代以後，崇尚鬼神祭祀並無法帶給殷商王權維繫的保證，因此靈媒的祭祀活動由巫術思維漸漸分化為仍帶有巫術的「祭」與理性思維的「禮」，從此，除了官方指定的靈媒外，許多巫覡靈媒沒入民間，以其事鬼神的專職繼續發揮廣大影響。西方則是基督教強力發展為制度性宗教後，剩下吉普賽、塔羅牌比較為眾人所知。

關於靈媒的產生可以有許多分析，那些宗教學的書籍都寫得比我有道理多了，在此不敢班門弄斧，總之，我個人的解讀來說，這是普遍存在的「現象」，有些人以不同的方法與詮釋，與這些神鬼精靈有所感應、接觸與溝通，事實上我認為，即使沒有所謂感應或溝通的能力，只要能夠抓緊人心的弱點，任何人都可以當靈媒啊！

於是乎社會上出現許多「老師」，有些真有兩把刷子、有些過一陣子就會上社會新聞。當神棍抓住人性弱點時，就如同詐騙集團欺瞞民眾一般，並不是民眾笨或者執迷不悟，只是進入那樣的氛圍，要保持理性判斷是很不容易的。

比較讓我納悶的是為什麼總有一堆人想要當靈媒呢？如果你家看得見的小孩都管教不好了，為什麼會以為可以管教好看不見的鬼呢？如果與現實生活中的人都處不好了，憑什麼以為自己的「鬼際關係」可以很不錯？

追根究柢或許就是「人各有志」吧？我期待的是安生日子，清修的生活也不錯，就是不愛江湖味的打打殺殺，總要小心有仇家放符法，也擔心哪天來個大鬼收服不了，對於信徒過度幻想的期待也難以承受，靈媒這碗飯不好吞，捧的人得要心裡有數。

靈視是一種技術

靈媒的工作內容又包含什麼呢？把時間拉到古代，看看《周禮》是怎麼記載的？《周禮》一書始出於西漢景、武帝之際，王莽的新朝、王安石變法皆以《周禮》為政治制度圭臬，及至隋唐以後官職的設置：吏部、戶部、禮部、兵部、刑部與工部，也是依《周禮》六篇：天官、地官、春官、夏官、秋官與冬官[10]之影響所排置。《周禮》簡言之便是古代官制記載，因此可以藉此窺見當時作者所反映實際或是理想中的社會政治、思想、經濟、軍事、法制，當然亦包括宗教信仰內涵。

古代的靈媒除了當翻譯，還兼負其他角色，例如：祭祀指導員、新聞紀錄員、占卜師和治療師、舞蹈員[11]等等，當中又細分許多角色，光是「醫」的部分還有分醫師、食醫、疾醫、傷醫、獸醫和巫馬等等，由此可知，當時靈媒治療已經不限於與鬼神溝通的祝禱儀式，並對於治療的過程與結果加以記錄考核，爾後如同醫療技術開始專業分工，其他的技術也開始專業化，專業化意味著技術的獨立，當史料紀錄、醫療、舞蹈都可以透過訓練養成技術，該角色就不必由靈媒擔任，靈媒的工作就窄化為溝通鬼神了。

既然靈媒是一種工作、一種技術，意味著也需要透過訓練養成，古時靈媒即會挑選幼童加以訓練，如同今日仍可見「訓乩」養成，那些宗教儀式都可以學、通靈也可以被訓練，當然若能挑選「天資聰穎者」效果會更佳。反過來說，具有通靈能力者，未能加以適當訓練，恐怕是無法好好勝任工作。

以我自己為例，小時候只是單純見到鬼，但是溝通上若有似無，成為職業之後，我必須練習通靈的能力，讓翻譯更容易也更準確，很遺憾通靈技術不是努

---

10 《周禮．冬官》在漢代劉歆校書時便已亡佚，乃以《考工記》補入。

11 靈媒行其職事時常與「舞」及音樂有相關，透過各式樂器所製造的音樂，成為降鬼神時常見的手段之一，除樂舞如同飲食一般具有諂媚鬼神的作用外，樂舞最適合用以請神或降神，可通往鬼神所在之地；舞蹈時的動作手勢本身也可是溝通鬼神的訊號及記號，因此，音樂舞蹈遂成為娛神、請神與降神的最佳手段，時至今日也是如此。

力就能有好成績，此外通靈是很耗神費力的。

遺憾的是「鬼也不是萬能的」，它們也有諸多限制，例如一位醫師要看病，可是病患死活都不肯開口，那醫生要怎麼診斷呢？通靈是一種翻譯工作，當傳達的話有幫助時，意見就發生作用，真正有意義的是「意見」，而不是翻譯的能力。當靈媒的時間越久，我越體認到世間萬物都是「注定」，今天就算因為我的通靈讓病患好轉，那也只是因為病患命該如此，不是因為我的通靈有多厲害，倘若病患陽壽已盡，再怎麼通靈發功也於事無補。

舉個例子來說，佛陀的弟子目犍連被譽為神通第一，不論多遠的聲音他都能聽到，多遠的事物就算有阻隔也能看到，甚至無論多遠的路程也能一瞬間即至，這種神通強到今日靈媒皆無法望其項背，但是他後來是被暗殺、亂石砸死。很多人為他難過、抱不平，可是佛陀卻說事情本當如此，有這樣的能力仍抵擋不過注定的業力，所以說，連神通第一都這樣了，我們這種排不上通靈排行榜的人豈能妄想改變注定好的事？

第十一章　後記

靈媒工作讓我有不凡的人生體驗，但我終究只是平凡人，越多的資訊反而更添困惑，把大人告訴我的、好兄弟讓我知道的、加上書本所寫統統加起來，慢慢摸索出自己認識的世界。看到有些通靈人說菩薩這樣想、神明那樣說，我忍不住問日本京都佛教大學博士的果鏡法師：「佛祖真的會肚子餓嗎？觀世音菩薩真的會來跟人交代是生男生女嗎？」

靈媒的生活困擾

小時候在宮廟神壇打混時，姊夫會帶我到處去拜訪，有時候為了踢館、有時候是為了問明牌。言談之間我才知道，原來有些人很羨慕天生有陰陽眼的人，因為不用打坐、訓乩（乩童訓練課程）就可以跟鬼溝通，可是對實際的生活而言其實才不好玩哩！舉例說明：

一、不能當班長：因為遇到點名就頭痛，每次點的「人數」都會有錯，還發生過再點一遍仍是錯的，可是這並不是我數學的問題！

二、計程車恐懼：類似第一點。計程車限乘四人，小時候深夜與大人搭計程車回家時，我白目地說一句：「那我們五個人要叫兩台車耶！」結果後腦被打了一下，阿姨說：「哪裡有五個人！」我以為阿姨那句話是問句，所以我就更白目地點出身邊所看到的「人」，結果是再追加一巴掌。

三、開車很麻煩：有時候會忍不住在路口停下來，不知道的人以為我很守法，家人知道我是讓鬼過馬路，不但不會稱讚我有禮貌，還會再補一巴掌！偶爾自己開車會遇到「搭便車的」，如果忘記身旁有人，還笨笨回頭問它「要到哪裡下車？」下場還是一頓好打。

四、雨天不撐傘：這一幕鬼片都沒有演，下雨撐傘走在路上好兄弟們可能不知道我看得到，有時候會突然從後面跑過來跟我共撐一把小雨傘，我超討厭那種突然被打擾的感覺，時常不顧路人觀感，直接把傘往另一邊挪，並跟它說：「我跟你很熟嗎？沒禮貌！」

五、外食難下嚥：這點顯得我很沒禮貌，是因為曾經被嚇過所造成的陰影，時常不敢在外面或別人家裡做客時用餐，因為不想忽然遇到「你一口、我一口」共享一碗飯的情形，所幸很少發生。

六、誤會像瘋子：這點我已經改很多了，可是有時候還是會不小心跟它們聊天，有時候只是微笑打招呼，直到有人問：「妳在跟誰講話？」或「妳一個人在傻笑什麼？」我才知道自己又失態了。

七、與慧根無關：每天我擺脫不了「吃喝拉撒睡」，會開心也會難過，個性還特別容易緊張，可是很多人都覺得我應該出家修行外，老愛塞佛經給我看、弄素食給我吃。而且看到鬼跟慧根無關，我真的不知道你家小孩能否考得上學校，去看榜單比較正確；我也不知道你是否應該離婚？因為我沒結過婚。

八、我不會抓鬼：我只是有時候看得到鬼，不要因此找我去抓鬼！如果我抓得到鬼，我會裝在籠子裡拿去賣。之前姊姊朋友說家裏鬧鬼不敢回去住，我說那打把鑰匙給我住好了，這樣還可以省房租。

九、考試靠實力：我真的只有一、兩次跟鬼問答案而已，而且也不一定對。從小到大所有的考試都是靠自己的實力，鬼不可靠，還是靠自己最好！

十、不愛上廁所：嗯……不用我多解釋吧！但是我每天都有洗澡就是了，不然媽媽不讓我吃晚飯。

靈媒生活中的便利

雖然因為看見鬼而失去擔任班長的資格，不過其實也有不少好處的。例如：

一、永遠吃得飽：小時候大人總會哄著我報明牌，所以就會給我烤香腸和冰淇淋，還記得我喜歡吃扁扁的日本棒棒糖，商店賣的是成串的，所以零食太多就把棒棒糖像藏傳佛教哈達一樣掛在脖子上，回想我的童年時光真是快樂！

成語說「食髓知味」，我開始知道如何跟大人討便宜，所以當人們問我三太子想吃什麼？我會憑心情回答：「土芒果、蘋果……等等。」而且不要鳳梨，後來有人問我為什麼？實情就是：「我喜歡吃土芒果和蘋果、不喜歡鳳梨。」這個祕密被我姊知道後，我被罵得很慘，不過沒關係，值得！

二、總是不無聊：實際上我的鬼緣挺不賴的，常有「貴鬼」相助。以前乩童起乩時，往往遇上我都會嘴上留情，有可能是我生起氣來，會嗆聲說：「信不信我打到你退駕？」（打乩童的技巧是要打後腦勺）。

有事沒事可以跟它們聊聊天，雖然大部分都言不及義，可是無聊時也是個消遣，不過做這些事情最好是一個人的時候，否則「人緣」會變得很不好。像我家人就時常警告我不要自言自語，不要對沒有人的方向點頭、微笑。

三、車輛不遺失：台北的機車和腳踏車失竊率很高，家人說：「那新車被偷怎麼辦？妳連大鎖都不用！」我當然自有妙方，凡是車子騎出去停好後，就找旁邊的孤魂野鬼看一下，就算不能嚇跑小偷，也能快點來通知我。

有次停車之後，我都要走出停車場時卻又忽然回頭，原來是車子忘了上鎖，姐姐問我怎麼突然想到，我說：「喔，因為『它』提醒我的。」當然我有說謝謝，只是說完後姐姐早就不知道飛奔到哪裡去了。

四、當個好裁判：棒球裁判工作需要高度的專注力，這跟以前專注幫人看病問事差不多嘛！此外，裁判的專注力與比賽本身有關，倘若兩隊打得很認真、裁判也會跟著認真，當然，如果觀眾很多，裁判執法起來也會更有精神、皮繃得更緊。我想　真主安拉一定是要我當個好裁判，因為我老是覺得觀眾好多喔！

五、不擔心失業：在其他國家不敢講，可是在台灣只要有通靈能力絕對不必怕失業！傳統路線就開間宮、廟、道場，滿天神佛眾多選擇，找個投緣的當主神就能營業，近年來藏傳佛教興盛，靈骨塔也走喇嘛風；受西方文化影響，名稱也可以換成工作坊、心靈療癒啦，真是時代不同了！

六、較少犯小人：這件事情在我上報紙被報導後才深刻體會，以前當裁判常被叫來喚去，大熱天比賽才結束、主審裝備還沒換下，就叫我提水給他泡茶，也有裁判誤判還牽拖是因為有我這個女性裁判在場，不過上新聞後就再也沒發生這種情形了。

跟家人分享這個消息後，姊姊說：「他們應該是怕妳會作法放小鬼吧？」我當然不可能這樣做，不過「會驚就好」，他們這樣想，對我來說不是壞事，但是我想抱怨以前主任孫老師，每當我漂亮地完成工作、排解紛爭，她老是說：「說，妳作法了是吧！」拜託~我真的是靠努力加實力啦！

七、生活有創意：把這些事情跟朋友分享挺好玩的，有時大家熱烈討論起來，會發現生活中有許多驚奇。本來我覺得自己的生活很平常，可是朋友們都覺得很有趣。

此外，雖然我的生活不像鬼片驚悚熱鬧，可是總要想點有創意的方式治它們！例如偶爾發生開衣櫥或床底下見鬼的狀況，就當作跟它們玩捉迷藏，對它們說：「哈哈、被我找到了吧！你輸了！」

雖然對我來說是生活中的好處，但有時候會造成朋友困擾，真的很感謝朋友的包容，因為不管我多努力管住自己嘴巴，還是會發生失誤。例如有次我與朋友卡蜜拉觀看水陸法會，很不得體說了一句：「這裡好擠喔、我們走那裡好不好？」當下朋友沒有多說什麼，事隔很久才聽她抱怨說：「XX的，那時候旁邊根本都沒人好不好？」卡蜜拉，對不起，我真的不是故意的，請各位繼續跟我交朋友好嗎？

跟人說完、跟鬼說

最後想跟好兄弟們說謝謝！謝謝你們讓我的生活很有趣，以前我會埋怨，可是現在才知道這是生命的歷練，過去我最害怕的是睡到一半醒來時，一片漆黑下只剩我和鬼，不知道當下的我是生還是死？很害怕生命就此消失。也因此我總是把握活著的每一刻，因為不知道何時會死去，所以就以「不後悔」的心情過日子，現在夢想竟一個個實現，好似在夢境！

人要學習、鬼也要學習，鬼不是萬能，犯錯沒人教就會繼續錯，一切也只是想要混口飯吃，反正跟人類說自己是神明，就會有人燒紙錢、供三餐，鬼幫人看命理、判未來，就算不準也不會被告詐欺，在此同時人們也希望自己真能受神明眷顧，具有預測禍福、扭轉乾坤的神奇能力，因此對通神聽鬼趨之若鶩，可是有通靈的能力與有智慧的涵養並不能畫上等號。

人要修行、鬼也要修行，親愛的好兄弟們呀！雖然大家都是為了生活，可是你們為了生活而擾亂陰陽界線、干擾人類生活，是不是也會有報應呢？就算是受到人類的召喚和引誘，你們為了後世的報應，難道不能有為有守嗎？爭氣點、當鬼的時候就認真把鬼當好，混得像詐欺鬼、乞丐鬼，以後也不會有前途的，大家共勉之。

關於最後

幸福有許多種，有信仰是其中之一。有了信仰之後，就算我半夜醒來也不覺得害怕了，我們短暫的生命走過這世間，事情就這樣真實地存在，不過你什麼也抓不住。

世界上有許多有通靈能力的人，每個人的歷程和滋味都不同，不過不管事情怎樣發生、如何精采，我們終究還是人，因此以前我認為天生具有「見鬼」的能力，是上天找我麻煩，現在我覺得很感恩。

好的是恩典、壞的是考驗，一樣的事在心裡想著是好事，就是好事，想著是壞事，就是壞事，所以笑一笑，不管發生什麼事情都會是有趣的事！謝謝你分享我的故事，我不想當靈媒了，其他想做的事情倒是不少。願大家也在各自的生命中，找到安身立命之所在。

第二篇

鬼才知道的問答題

原來如此，別再道聽塗說了

台灣人對神鬼之事真的是充滿好奇，即使我現在已經從專業靈媒轉為無給職顧問，但總有愛護我的長輩與朋友們不斷詢問這方面的問題。基於社會責任，在此針對一些詢問度高的問題，提供一些個人經驗跟大家分享。

Q1 鬼月是不是鬼很多？

農曆七月俗稱「鬼月」，在這個月十五日（七月半）道教稱中元節、佛教則稱盂蘭盆節，儘管源由不同，卻有相同的面貌：家家戶戶擺案席、大普渡，因為七月鬼門開，直到三十日鬼門關為止，這些放假的鬼魂到處找東西吃，人們避免鬼魂帶來不祥與禍患，也希望從它們身上討點便宜，所以準備飲食金紙拜一拜，人鬼同樂一番（我小時候是很快樂啦，因為有東西吃）。

先從道教的觀點來看，中國上古就有祭天、祭地和祭水的禮儀，東漢張陵創立天師道，就以祭祀天地水三官為人祝禱治病，後來影響道教把一年分為三節，這三節就是所謂的「三元」，分別代表著「三官」：天官、地官和水官，正月十五日是上元節、七月十五日為中元節、十月十五日就是下元節了，分別對應著天官賜福、地官赦罪、水官解厄，而鬼門開和鬼門關以及普渡的觀念，就是從道教來的。

至於佛教看法又不一樣，因為佛教認為七月是個吉祥的月份。根據大藏經的記載「盂蘭」是梵語的「倒懸」、「盆」是「解救的器物」，合在一起就是解人倒懸，當然也跟孝順的目連與他媽媽有關（下地獄救母的故事不用我講了吧？不知道的人去問你媽媽……）。

此外，佛教的誕生地是「印度」，看書上都說印度有雨季，所以出家人在雨季會集合住在一起修行，而七月十五日正值僧團雨季結業（莊嚴一點的說法是「結夏安居圓滿」，要這樣說才顯得我也有讀過佛學），所以就有很多法師在此時開悟，佛陀祂老人家超開心的，因此把這一天叫作「佛歡喜日」，所以當然這個月同時也代表多行善、多修行的大好月。

所以七月半也可以很歡樂啊，誰說不能去游泳？甚至不能結婚，吼～別怕，能結婚就快結吧！有很多人會問我：「那妳農曆七月會不會看到更多鬼？」答案肯定是：「不會！」

我覺得平常的鬼沒有比農曆七月少啊！大家還不是都晃來晃去，我小時候就很納悶為什麼大家在農曆七月突然對鬼這麼好？擺這麼多東西給鬼吃？其實我覺得對孤魂野鬼請客很有愛心，但是各位有沒有想過，當邀請鬼來家門口飽餐一頓後，它們有離開嗎？

小時候家裡普渡我一定要在場，因為媽媽要我確認每個鬼吃飽後有離開，我就覺得很奇怪：「那乾脆不要拜就好啦！」可是媽媽總覺得「不拜怪怪的、大家都有拜耶……」所以我們家也一定要拜，直到我們家成為穆斯林後總算停止大拜拜，還記得我媽對我說：「今年開始不拜，有事叫它們找妳喔！」

台灣拚觀光，媽祖出巡都變成文化節，我看七月半普渡也遲早會變成嘉年華，當月便利超商會出孤魂野鬼公仔，集滿全套就送「觀落陰」體驗券一張，讓你感受地府的暢快，還有機會與過世的親人、朋友見面喔！會這樣說，是因為我看這幾年大家普渡也是衝衝衝，場面一年比一年壯觀，以前我就確信自己不會有失業的問題，因為看大家拜得豐盛熱鬧，好兄弟們當然也是給足面子、熱情參與，索性就住下來了！以前就處理過一些鬧鬼或不平靜的房子、廠辦，原因就是中元普渡太豐盛，好兄弟們以為還有續攤，賴著不走了。

知道大家都有愛心，想要大請客、解鬼於倒懸，但是幫鬼之餘也請幫幫「人」，例如：可隨時幫助台灣各地家扶中心所服務的家庭和小朋友們，需要的日用品喔！

Q2 祭祖燒紙錢，真的是燒給自己的祖先？

人死之後會在人間短暫停留，不過停留時間長短因人而異，但並不能待到可以看見自己子孫長大，祖先生我們、養我們，尊敬和緬懷是一定要的，可是表達孝心並非一定要燒紙錢，事實上很難斷定祖先是否收到自己燒的紙錢，而且寫名字也沒用！在此同時，燒紙錢很容易招來好兄弟，這道理就有如路邊有人發錢你去不去領？領過一次會不會想再領？

你燒給好兄弟它們當然收，收了一次也就罷了，反正閒著也是閒著，偶爾來你家串串門子看能否再次收到？長久下去你的孝心就這樣被不肖鬼利用了。愛祖先請先愛父母，在世時好好孝敬雙親，不就能確定老人家在眼前確實收到你的孝心了嗎？

Q3 日常生活要如何防小鬼？

我現在已經從專業靈媒轉為無給職顧問，但總有愛護我的長輩與朋友們不斷詢問這方面的事情。基於「社會責任」，針對這個詢問度最高的問題，我以個人經驗，提供趨吉避凶十招及注意事項，跟大家分享，讀者可以依照個人需求選取參考解答。

趨吉避凶第一招　請不要燒紙錢

我最想呼籲的第一件事就是——「不要燒紙錢」！以我個人經驗，世間上的「鬼」最愛吃的食物之一就是「炭」，也就是燃燒後的灰燼，老實說我不知道它們是怎麼吃的？就如同我不清楚植物怎麼行光合作用吸收養分一般，總而言之，它們就是愛吃，只能說我懂得太少，世上智慧太多，很多事我們人類無法窺知，或許有朝一日會有智慧去理解吧？

在一般的道場中，紙錢扮演非常重要的角色，靈媒在為信眾祭改辦事的時候，往往就是用「紙錢」作為與鬼談判的籌碼——用以賄賂它們離開。但往往只是「暫時性」的離開，換個角度想，如果有人帶你去一個地方「領錢」，收下這些錢的唯一條件是你要出去走走，如果是我當然也欣然同意啊！反正等錢花光了，再去找這個人就又有錢領啦！所以坊間許多神壇根本是跟你「用紙錢換紙鈔」！我以前還在當靈媒時就想過要來發行「索氏紙幣」：紅色代表長壽、黑色代表除煞、綠色代表健康、黃色代表財運、白色代表靈修、紫色代表戀愛，然後嬰靈請務必認清孩童圖案、超度往生親人請認明孝親圖案喔！全部可針對個人需求採購，集滿十張雷射防偽標籤，還可參加「萬壽無疆、喜從天降限量金紙大抽獎」！I will be rich.

以前去幫忙辦喪事的時候，常會看到家屬在燒大小銀紙，放在靈堂前面，圍著小鐵盆燒、不要中斷，我想這個動作的功效有兩種：一、維持靈堂的溫暖，尤其夜晚守靈天氣都很冷，燒紙錢取暖比較不會感冒；二、維持體力調節，整天折蓮花和元寶手會很痠，換班去燒紙錢可以讓大家保持體力。除了這些理由之外，我實在不清楚這些東西要燒給誰？又有何用？

現在要說嚴肅一點的話題了。燒紙錢的壞處——很容易招鬼。因為這邊有東西吃啊！等於是你邀請它們來的，怎麼還怪它們賴著不走呢？此外，千萬別以為燒了紙錢它們就應該報答你，難道你是為了佔便宜、期待它們的回饋才燒紙錢的嗎？如果不幸被附身了要怪誰啊？

最重要的是，不管你信仰何種宗教，請不要在親友將死之際燒紙錢！人在將死之際是人生中最重要的時刻之一，當時他的想法、意念會關乎於後世（來世）的去向，雖然我沒有親眼見過轉世，不過我看過許多人之將死的眼神，我能感受到，在那個時刻當下，人們一定已知道什麼、看到什麼了。因此，在這個「轉化」的重要時刻，千萬不可燒紙錢引來其他鬼魂吃食。

在此時刻應該讓將死之人心存正念！就伊斯蘭來說，此時要在親友身邊提醒他「萬物非主唯有真主，穆罕默德是真主的僕人、是真主的使者」，因為人在將死之際，很少人能平靜，往往會思緒雜亂，在這麼重要的人生十字路口，當然要提醒他往正道而行。台灣信仰伊斯蘭的人畢竟是少數，那就從佛教的角度來說，或許此人原本不會死後成鬼、是要進入輪迴轉世的，但在這個重要時刻，卻一直有人在他身邊燒紙錢、還提醒他一定要拿去用，搞不好一念之差就變鬼了也未可知？

我實在不知道燒紙錢有什麼好處？為了自己，不如諸惡莫做眾善奉行；為了親友，不如在世時多關心他、早晚問安。如果你還是很想燒紙錢？那跟我購買好了，我可以依您個別需求設計出很有創意的金紙圖案喔！

趨吉避凶第二招　請不要拜偶像

我們人類其實是很脆弱的，所以常想尋求護身符、平安符或是神像以帶來安全感，但問題在於，你真的知道自己在拜什麼嗎？

當我年幼還涉世未深的時候，大人跟我說：「妳問問桌上那尊三太子，有沒有說什麼？」我問：「什麼三太子？」大人回說：「就是桌上中央那尊武神啊！」我很納悶：「沒有啊，我只看到一個醜八怪的阿姨啊！」然後大人就會一陣驚呼：「不要亂講！三太子就是三太子！」怪了？是你看得到還是我看得到？怎麼老愛叫我做一些指鹿為馬的事情？

人們會去尊敬岳飛、關公或自然神祇，我認為是一件很美的事情，對我而言這代表尊崇一種精神或是對大自然的尊重，但是我無法苟同刻了一尊木頭或陶器，就斬釘截鐵地說：「這是控制我們福禍命運的神明！」我的眼前浮現一個畫面：一個在大海中就快溺斃的人，緊抓著一塊不知何處飄來的浮木，然後認定這塊浮木就是他的解脫。是的，當即將溺斃的時候，這塊浮木的確是載浮載沉中非常重要的救命寶貝，但是把畫面放大一點，真正能活命、真正想要在大海中悠游自在，您需要的是學會游泳、您需要的是學會如何自己面對海上不定的風浪，不是嗎？

我們對觀世音菩薩的塑像膜拜，表示對祂所「象徵」的慈悲精神深感贊同，對玄天上帝的塑像頂禮，表示時時提醒自己祂所「象徵」的知錯能改精神，但若以為抱著祂們的大腿就能得救，恐怕是往死胡同裡面去走。

依我以前當靈媒的個人經驗，一開始人們總是問婚姻、家庭、事業……如果我說得準，問題就更雞毛蒜皮了，連買哪支股票、睡覺的方位都要問，如果就連自己睡覺的方位都不能決定，這個人還能自己做什麼決定？當中唯一獲利、得到滿足的，只是神壇主事者的荷包和甜美的權威力量。

拜神像還有一個大風險——無法知道你拜的是什麼？你能謹慎挑選的只有塑像的材質與刻工，但無法確定當中依附的靈體是什麼。正所謂請神容易送神難，不少人家裡供奉神明是為了家中平安順利，偏偏很多人越拜越不平安，花了一堆銀子刻神像、看方位、安神明，然後花更多的錢請人把神像送走，這是何苦呢？

我以前就常遇到類似的事情，總有人問我：「我是好心耶！怎麼會越拜越不平安？」難道壞人要搶劫的時候，會因為你看起來是好人就不搶你嗎？壞人要綁架的時候，會因為你的車牌號碼很吉祥所以放你一馬嗎？我常告訴大家，它們也是為了討生活啊！就算它們其實不想害人，但人和鬼的磁場不合，在一起就是對人不好啊！

所以說我們為什麼要自找麻煩呢？要修行，何不就從放下祭拜神像的執著開始，學會自己在人生浩瀚的海洋中游泳，比等著載浮載沉的浮木救命實際多了，不是嗎？

趨吉避凶第三招　請不要迷信通靈

這句話從我口中說出很弔詭，因為我本身就是名通靈者，但我必須很老實地說：「我也不相信我自己。」雖然過去在當靈媒的時候，也曾有過度認同靈媒身分的時期，不過絕大部分的時間我並不是很相信自己的所見所聞，怎麼說呢？

我對靈媒可以說是一邊做、一邊學，就在大人與鬼前輩們的教導下，慢慢有了靈媒的樣子，也或許是這樣的學習過程，我習慣不武斷相信任何事，因此我在「辦事」的時候，是把自己定位成一位「翻譯者」，僅負責轉達神鬼的訊息，其他我一概不負責，因此，我是通靈著、但也對我的經驗存疑。

連道場的信徒都很納悶，但是我從來不想改變這個態度，我想這跟小時候去佛堂坐禪的經驗有關吧？記得我小學三年級的時候，被乾媽送去佛堂打禪七，我記得最清楚的一句話是：「法力不敵業力、業力不敵願力」，簡單地說就是法術敵不過前定、前定敵不過舉意！這個觀念影響我很深，即使後來信奉伊斯蘭，也有相同的闡述，任何的把戲敵不過　真主的前定，但是只要人肯努力、誠心舉意發願，還是可以有所改變的。

因此，我覺得自己無德無能改變既定的命運，所以不想去裝神弄鬼，說出「信我者保平安」的大話。首先，我們應該定義一下什麼是通靈者？各位知道在台灣有個「靈乩協會」嗎？也就是通靈者的協會，由此可知台灣的通靈人口多龐大！來分享一下我個人的經驗，小時候一個鬼叔叔說我的前世是西藏喇嘛，因為受宗教迫害，在追捕時跳湖自盡；以前偶爾有位西藏喇嘛的鬼魂在我睡覺時來找我，但雙方並無交談，但我有跟他說：「如果你認得我，請帶我去該去的地方」，不過來找我的鬼實在太多了，這個喇嘛鬼也提不出什麼決定性的證據而作罷。

這件事情對我的影響是：每次游泳時心裡忍不住會發毛，同時我期盼有人帶我回到應該去的寺院。顯然這個前世的經驗對我實在沒有什麼幫助，讓我游泳學不好、還幻想可以離家出走，後來我決定不要再想了，讓一切順其自然，因為，就算是真的，那又如何？

偏偏在道場中出現太多這種「前世今生」的故事，明明就是自己太任性所以感情經營不順，卻要推到上輩子的情殺，我從小就覺得奇怪，怎麼死於非命的人這麼多？上輩子是王公貴族的人也很多，難道乞丐和賣菜的歐巴桑都不會轉世嗎？我還是想問一句：就算你上輩子是雍正皇帝又怎樣？難道你可以申請北京雍和宮的財產繼承嗎？上輩子是什麼人很重要嗎？人跟人之間的關係是需要經營的，老老實實扮演好自己今世的角色比較實際，我沒見過抱怨之後命就會變好的人哩！

總而言之，通靈者的話當成茶餘飯後的參考即可，看清目前的狀況，用輕鬆的心情、冷靜的態度去處理問題，前世的事情還是留在前世，還不如努力經營今世吧！

趨吉避凶第四招　請不要沉迷算命

這跟前一個項目有點異曲同工，因為不是寫論文，所以我純粹以個人想法分享一下。算命和通靈聽起來是一樣的，但其實不然，或許有些靈媒同時具有兩種能力，但通常還是會有一項主修，不能兩條路同時走，怎麼說呢？

基本上法門是不同的。就通靈而言，主要任務是跟自己的「主」、就是那個靈建立良好關係，把彼此都修練得強一點，當然學點術數對工作是有幫助的。相反地，在術數部分，一般常見的有八字、紫微斗數、姓名、面相或手相為大宗，近年還有西方的星座與塔羅牌，但還是很難與傳統最大宗的八字與紫微相抗衡，我以前都有接觸，但都沒專精，主要是我認為「太痲煩」，術數要背的口訣好多，我連英文單字都背不起來了，還去背口訣？而且我幫人算命只要眼睛一閉就搞定，何必要用計算機、排圖陣？學這些東西會影響我通靈的專注，所以沒有好好學下去。

幾年前本來真的有機會要拜師了，對方是位安神位小有名氣的老人家，當時我沒有接受，因為他是專門安神像的、我是則專門拆神像的，如果我兩樣都會，不就成了詐騙集團？

我對「算命」的接觸大抵如此，不可否認算命有其厲害之處，說過去的事情總是很神準，但都已是過去的事情了！對於根植在華人信仰的算命風氣，我個人建議要保持獨立判斷的能力，請當成參考聽聽就好。要小心的是迷信，一開始或許是好玩、興趣或好奇，但往往會引人入迷、不可自拔。

偏偏就有許多人把算命的意見當成了真理，結果把自己的日子弄得一塌糊途，舉例而言，我年少時曾遇到一位算命的說我該年會結婚，即使跟家人保證我不會，但家人堅持我會「愛到卡慘死」而失去理智，我就這樣被軟禁了一年，請問誰能賠我那一年的青春與自由？在那年過後我堅持要去拆了算命的攤子，讓他從算命仙變成蝦味先，只是家人堅持不肯透露聯絡方式，你看看，事到如今還袒護他，失去理智的應該是把算命奉為圭臬的家人吧？

再來說說「天作之合」吧！大家通常結婚之前會去合八字，我當年好像走錯路、跑去當抓鬼的，早知道就去當合八字的，說說「真是天作之合」的好話就可以收錢喔？還好我是穆斯林，以後結婚不必被合八字，不然我一定要求押金，如果不幸離婚要把算命錢拿回來。

說「天作之合」還是有良知的人，我就遇過把一段好姻緣硬生生拆散的不良算命師，這年頭找對象已不容易，還讓新人雙方婚前互有心結，未過門就被男方指責會敗壞家運，或將「命中帶雙妻」做為外遇的合理藉口。「命帶雙妻」？乾脆去娶個神主牌就是帶雙妻了啦！

算命基本上不會招惹鬼，但我遇到所謂料事如神的算命仙，不是帶三破就是養小鬼，所謂的「三破」就是身體、家庭、事業其中有殘缺，例如殘疾、絕子絕孫、孤苦無依疾病纏身！話說回來，基本上我相信通靈的都有帶三破，小時候也曾有人要教我法術，但是因為要帶三破我就不願起誓，我不瞭解人如果沒有家庭、身體和事業，還剩下什麼？是我操弄法術？還是法術已經操弄我了？

所以如果學術數到一個層次，不是有三破就是要跟鬼打交道，風險甚大，建議大家不要去挑戰。

趨吉避凶第五招　請不要碰法術

以傷害性和恐懼感來說，其實這一項應該要放在前面，不過大多數人應該不會遇到，所以我把它排在後面。其實，只要做到前面幾項，應該就不會招惹到好兄弟了吧？在這裡說的法術就是大家熟悉的開壇作法，不過跟一般說的小風水不一樣，例如偏好的幸運色、幸運筆或習慣睡覺的方向等等，小地方不算迷信，但如果是「找人來看風水」可能就要歸類到法術！

最基礎的法術，就是台語所說的「放符仔」或「放法」，通常要有當事人的生辰八字、貼身衣物、頭髮、指甲，越高竿的人需要使用的東西就越少，效果也會因為功力與投注的成本有所不同，通常通靈者多少都會幾招法術，不過敵不過專攻的「符仔仙」，要當一位利害的符仔仙也一樣會帶有三破，而且學法術的時候依照階段要發不同程度的誓言，不過當年我對法術一點興趣都沒有，所以沒去深入瞭解。

其實會一些小法術不是壞事，例如：「被魚刺哽到」、「尿床」、「失眠」、「小孩晚上睡不安穩」、「找尋家人或失物」，我個人猜想法術的起源大概是因應古代醫療不發達而產生的吧？只是現代科技進步後，有建設性的法術不多，找人麻煩的卻花樣百出。

害人的法術多半是讓人「精神或食慾不振」、「失眠」、「幻聽」、「幻視」、「自殘」、「不明疾病」，通常後面四種很難見到，除非有深仇大恨，而且許多有精神疾病的人會被誤認為被作法，其實並不是，讓人無法睡覺久而久之就一定會生病。我親眼目睹真正因為作法出問題的是皮膚病，患者身上一直長出蟲子，抓都抓不完，去看醫生也找不出原因。

為什麼我前面說一般人遇到作法的機率不高呢？因為成本很高，且不是「一次見效」，多半還要「催法」，因為施術者是透過控制小鬼來作法，一定要持續去驅使、控制，才能加強或保持效果，不然有時候小鬼放出去了，沒有繼續付薪水，那個小鬼就辭職不幹了。

既然作法很昂貴、又不保證效果，而且找人作法風險極高，如果幫你辦事的人很不負責任，沒有辦法完全控制法術的下場多半是「作法自斃」，就是小鬼不爽、回來對你報復！所以大家不要心存僥倖，聽信神棍以為他作的法絕對沒有問題！拜託，難道作法已經有定型化契約的保障？你可以七天不滿意寄存証信函退貨？還是去消基會找消保官投訴？所以啊，千萬不要心存歹念、聽信誇大不實的廣告，畢竟目前衛生署還無法可管，小心到時候投訴無門。

我最常聽到在不知情的狀況被下法術、喝下符水，所以不可以喝來路不明的飲料。不知道是否有人有此經驗：去算命或者看風水時，針對不好的地方會追問「那我現在該怎麼辦？」此時，對方會幫你喬風水，不然就是給你「法寶」。沒錯！問題就是出在「法寶」上，所謂「開過光的」就是「作過法的」，這樣可以理解了嗎？如果你覺得佩戴這些「法寶」在身上真的就此一帆風順，那就恭喜你嘍！但是大部分會是「剛開始效果好、後來又覺得怪怪的……」因為要先給你甜頭，再讓你跳入更大的「依賴」陷阱中！

由於目前神棍們都還沒發展出「一次繳費、終生服務」的營業項目，所以你每問一次，就要再付錢！當然由於台灣「高人」太多，算命界、風水界總是名師輩出，所以不愁找不到人，隔一段時間之後大家就會再去找別的老師，接著就是重複同樣的情形了。

法術這玩意，碰不得的！

趨吉避凶第六招　避開清晨與黃昏

我小時候總會在傍晚時被大人帶出去散步，再大一點就會跟爸爸在外面練習棒球傳接球，長大後我跟爸媽說：「你們好愛我喔！給我這麼好的親職教育，讓我很快樂！」這時候我的雙親才一臉無奈說：「其實這是場誤會……」。

當時家中都無人敢跟我睡，有時候只有親愛的爸爸陪我到後面的空房間睡，因為家人受不了我與過世的親人對話。後來我總結了「發作」時間，多半是「清晨」與「黃昏」，清晨天將亮時，據我家人說我會看似被叫起床，然後睡眼惺忪回答問題；黃昏的時候會更嚴重，有一次很多醜陋的鬼來找我，印象非常深刻，當時我害怕地躲在衣櫥裡面，家人遍尋不著，我很清楚聽到家人在找我，但我已經害怕到連回答的勇氣都沒有。

年紀漸長後，一直到現在，我仍拒絕在黃昏出門！我無法解釋為什麼是黃昏和清晨？也不清楚它們的世界有沒有時差或日光節約時間？或許清晨和黃昏是它們的交通尖峰時刻吧？我只知道這兩個時段少出門就對了！那是它們能量相對比較強的時刻，反正這兩個時段就避一下吧！

趨吉避凶第七招 有事沒事動一動

其實只要確實避開前六項不該做的事情，基本上被鬼搗蛋的機率就不高了，想了好久才想到這第七招：「有事沒事動一動」。這是我認真歸納自己見鬼頻率的心得——每當我偷懶打混窩被窩，見鬼的機率就會提高，如果越是四肢不動、越容易讓鬼接近。

我國小之前體弱多病，可進了國小之後，除了上學就是打棒球，活蹦亂跳的國小時光，鬼並沒有帶給我太多的困擾，直到高中之後，大部分的時間拿去開道場、當靈媒，除了上學的時間外，就是打坐、幫人看病，別說運動了，連睡覺的時間都嫌少，幫越多人看病、我的身體就越差。

當時每天我眼睛所見，人和鬼是一樣多，身體狀況更差時，人和鬼在我眼中看來都差不多，這像是惡性循環：我越投入靈媒工作就越見鬼、越見鬼就讓自己更投入靈媒工作。白天的時候覺得自己很厲害，晚上睡到一半驚醒時，坐在床上發現分不清楚人和鬼、分不清楚自己是死是活？那感覺比什麼都恐怖。

後來從靈媒工作退休後，重拾過去的興趣：棒球、空手道和音樂，隨著健康的改善，我反而不容易見鬼，至今雖然偶爾仍會看到鬼，可是很清楚的是：身心越健康、越能遠離它們。我確信這當中必定有所關聯，除了有些事情我們避免去做可以避鬼之外，也有些是我們去做可以使它們遠離我們。

我們生而為人就是會有一股「氣」，可以說是氣勢、氣血或磁場？有些信仰則稱之為「光」，總之，如果保持身體狀態良好自然「氣」就能走得好，而且「身」和「心」是交互影響的，生病的人身上就會有病氣、正直的人也有正氣、當然心術不正的人身上有股讓人討厭的氣，這是一種感覺，我喜歡稱作「一個人的味道」，表現出此人帶給人的感覺，相信大家多多少少都有心得。

為了要讓「氣」能夠暢通，除了維持身體健康外，運動四肢也很重要，而且最好是有意義的動。「動」有很多種，運動和勞動其實是不同的！運動還有分有氧運動與無氧運動，對人所造成的影響都有所不同，大家別忘了，還有一種是「天人合一的動」！

以伊斯蘭來說，一天五次的「禮拜」就有不少書籍探討：為什麼是這樣的動作、時間，其實都有其中的意義，我成為穆斯林之後有個很深的心得：「當我乖乖禮拜時就少見鬼、一旦偷懶就又開始到處看到了。」其實，不只是伊斯蘭，還有很多標榜和宇宙能量互動的動作，像是佛教的動禪，甚至法輪大法，好像都有說出一套跟宇宙能量交互作用的道理。雖然我不是很懂，但十分確定：無論如何、有事沒事動一動是很好的事！

趨吉避凶第八招 **什麼東西都不要**

所謂的「什麼東西都不要」意指家中擺設或自己身上，不要裝飾、佩戴（開光過的）佛像、天珠、符咒、平安符等等……當然，自己很有修為的人就另當別論，本文是針對一般人提出建議。

主要理由就是上述說明過的，很可能裡面會藏鬼，開光過的東西不用講了，根本是拜託它們住進來！當然有人會堅持，他開光請進來的是正神，這點就見仁見智，裡面「東西」是好是壞取決於開光人與佩戴者的品格，所以若佩戴者不走正道，住進來的肯定「好的」待不住、「壞的」搬進來，自己不好就別想得到神鬼庇佑啦！

至於沒有開光的東西仍有風險，當自己精神狀態不好、氣（磁）場不好時，就容易有不好的東西跟來，如果是大修行者會有好的東西進來，但我發現大修行者都不會去在乎這些身外之物吧？況且大部分人佩戴這些東西多半是求心安的。重點是：「戴了真的能心安嗎？」我要強調的是「風險」！自己有可能在不知情下讓不好的東西藏進去，佩戴了之後當然會越來越糟，東西丟也不是、不丟也不是，何必自找麻煩？

當有人跟你要衣服、頭髮或指甲的時候，你自然會有所防備，可是如果別人送你平安符，或者請你幫忙剝蛋殼，或者跟你要零錢一起買東西供佛，也或許是請你幫忙唸特定經文多少遍，這時候請千萬小心！因為那很可能是對方養了小鬼，要你提供雞蛋、零錢等供品，然後在你不知情的狀況下，拿去給小鬼吃，這樣一來你就是小鬼的乾爹或乾媽了！

接著對方可以請小鬼有事沒事去找你要東西吃，你聽話就沒事、不聽話就生病倒楣，而不知情的你還以為「我有拜有保佑耶！」但其實是引狼入室：當初什麼都不碰，不就都沒事了嗎？

這種案件我就處理過不少，處理方式很簡單，就把這些東西扔了，若是遇上那些法術、小鬼作亂，只要挺住兩、三天，那些髒東西餓了自然會離開、回去找施術者，千萬不要又去廟宇神壇求助。

我知道大家佩戴或擺飾那些東西是為了保平安，可是在不知情的狀況下，可能會帶來更多麻煩！何不一開始就不要拿呢？至於現在已經有的，若丟進垃圾桶會害怕，也可以就近找間廟宇火化。

讓自己心安可以有很多種方法，請盡量不要選這種「高風險」的，有時候「去做什麼」會有幫助，有時候「不做什麼」反而更好喔！

趨吉避凶第九招　多帶一件背心

這個標題看起來有點奇怪，純粹是我個人的「經驗」分享，提供給大家參考。即使在夏天，我出門還是不忘帶件薄外套或背心，家人也無法理解，媽媽常常在我出門之前堅持：「少穿一件再出去，不然路人以為妳是神經病！」其實，就我個人的「視覺經驗」而言，看到鬼附身時多半是從人背後的肩胛骨處進入，雖說不一定全部如此，但以我看到的狀況這佔多數，所以只要護住這個部位，就比較不怕鬼上身。

鬼出沒在周圍時多半會有涼意，同樣地，鬼上身時身體也會有寒冷的感覺，當然或許也有不同的情況，不過以我個人的經驗大致如此。以前我幫人看病的時候，就是判斷「身體哪個部位有鬼」，例如：心臟有鬼就是心臟不好、右膝蓋有鬼就是右膝蓋不健康。但是心臟有鬼並不是它們從心臟進入，或者胃不好是從胃部進入，通常都是從背部肩胛骨進入身體，然後到各部位「安居」，至於鬼會停留的地方，多半是身體最虛弱的部位，就像身體虛弱時容易感染感冒一樣。因此我再三強調：只要保持健康，就不會卡到陰！

可是真的要維持健康卻不容易，那麼我們該如何預防呢？就我個人來說最簡單的方法就是保持身體暖和，特別是背部肩胛骨不要吹到冷風，這是既簡單又有效的方法！

相反地，以前我驅鬼的時候，也是用香或檀香圍繞被祭改者，然後放在肩胛骨處把鬼給引出來，為什麼要用香或檀香？因為那種味道對它們而言就像剛煎好的牛排一樣美味！每位靈媒幫人祭改的儀式會略有不同，不過多半會在上背部作文章。

但是天天祭改也不是辦法，卡陰就像是感冒，不是一次就可以免疫的，所以我們平常就要注意預防感冒，而我預防卡陰的方式，正是這一系列的「趨吉避凶十招」。

另外，還要特別提醒有打坐習慣的朋友們，打坐時雖然身體會暖和，可是到了某些階段（境界）會發冷，而打坐接近結束要收攝時也常會有涼意，這時候保暖很重要！若能蓋條毯子在腿上或穿件背心，可以降低與鬼交集的風險。

趨吉避凶第十招　拜過的東西盡量少吃

「趨吉避凶十招」寫到一半就江郎才盡，一直不知道最後一篇要寫什麼？突發奇想：「問問當事鬼的意見啊！」為此問了旁邊的好兄弟，偏偏好兄弟們也沒有好意見，結果晚上做了一個夢，夢到有人請我去一間餐廳吃飯。

那間餐廳燈光昏暗，裝潢有點俗氣，是間火鍋吃到飽餐廳，桌上已經有幾個鍋子在滾、盤上也有食材，有位很瘦的中老年人，穿著過時的西裝要我用餐，動作很慢也很客氣地把桌上的食材丟進火鍋裡，然後很客氣地鞠躬示意我自己用餐，便離開了。

剩下我一個人果然比較自在，我撈撈鍋裏的東西，那些食材其實才放進去沒多久，可是已經煮爛了，而且我根本看不出來那是什麼食物？突然我發現湯是滾的，可是我撈的時候卻一點都不會燙到我，此時我知道：「好像又讓鬼請客了。」

餐廳食材區的火鍋料種類很多，所以我湊上前去看看，哎呀！食物近看就不行了，看起來不是很新鮮，而且東西密密麻麻擠在一起。我回頭一看發現吧台有好多處，東西雖多，可是都讓我沒有食慾。

離我最近處有擺放酥皮濃湯，一樣不尋常地放了很多個，和火鍋一樣冒著熱氣，一再提醒自己千萬別吃下去，好奇的心理多於貪吃的口慾，我拿了一個回座位上研究。果然酥皮濃湯的酥皮像是「染」的，我咬了一口酥皮：味道像酥皮、吃起來像紙……好吧，事實越來越明顯了，我正在做一個怪夢！當我準備讓自己夢醒時，那位先生又進來了，請我到外面走走。原來我們在一座山中，天色是將暗未暗的樣子，走出門後發現這間餐廳外觀是用竹子、木頭和茅草蓋的，餐廳下面是一片空地，大約有一個籃球場大小，兩側是樹林。

右側的樹林中則有一大排矮房子，都是簡單的木造房，那裡有好多「人」，我走下階梯謝謝她們請我吃飯，並問她們為何找我？有位高大的婦女走過來，雙手還各抱著一位襁褓中的嬰兒，她一邊哄著小孩一邊對我說：「很高興妳來這裡作客。」追問之下才知道我以前有幫過她們，她們要我知道，現在自給自足過得很好，不需要再靠人畜養，也不被神壇控制了。在我祝福她們說再見後，夢境就此結束。可是我還是糊裡糊塗的，怎麼會做這種怪夢？起床後思考許久才想到，是不是因為我在部落格上分享過去神壇宮廟當靈媒的經驗，不只對活人、也對它們有所幫助？如果大家少開設神壇宮廟，不要養小鬼替人辦事，那它們就不必來人世間討生活，回到應當存在的生活空間，或許對它們來說反而更好？如果真是如此，那就再好不過了！這件事情讓我聯想起「趨吉避凶十招」還有什麼注意事項呢？看來是「拜過的東西盡量少吃」。以前到山裡工作的人，帶的便當會像是被吸乾，此外，拜過的食物很容易腐壞變質，實際的狀況是如何，我也不清楚，僅為以前經驗和這個夢境所啟發的想法，總之，大家還是少跟鬼混在一起比較好，鬼碰過的東西人也少接觸為妙。

Q4 什麼是「魔神仔」？真的是小孩的剋星？

來介紹一下台灣古早常常傳說的「魔神仔」（ㄇㄛˊ ㄒㄧㄣˊ ㄚˋ）。

以前常常會聽到民間故事提到登山客離奇失蹤，遺體在很離奇的地方被找到；也曾傳說（特別是小孩子）被人誘拐到山中，被招待諸多美食，被發現時卻是滿嘴樹葉……遇到這種情況，老人家常常會說：「啊，遇到魔神仔了！」

什麼是「魔神仔」？就我個人經驗來看，魔神仔其實是一種自然界的「精靈」（Jinn），老一輩的人應該會稱為「樹精」，這些魔神仔通常都生活在深山中，一般人除非去登山，否則鮮少會遇到。我的乾爺爺在日據時代是伐木工人，曾在工作時遇到過：

話說當時有一組工人在深山裡面作業，其中一人很愛四處解手，我的乾爺爺提醒他別這樣，在這深山中有「老住戶」，這樣做太沒有禮貌了。不過那傢伙不信，還硬要說：「我才不怕！」當年他們出去工作總是帶著便當，便當就掛在樹上防蟲蟻，中午吃飯時卻發現，那位說大話老兄的便當不能吃了！因為他便當裡的菜餚與白飯如同被吸乾一般，可是其他人的便當卻都完好無事。那老兄不以為意，大家分著吃之後也就算了。但接連兩天，那位老兄的便當一直出問題，隔天他自己就已心裡發毛，有特別去確認，綁在樹上的東西根本沒人碰過，怎麼就偏偏連續幾天都是他的便當出問題呢？到了第三天他不敢再「鐵齒」了！連忙向森林道歉，之後乖乖讓它們過它們的生活、人類做人類的工作，兩者互不相干。

那為何現在還會有魔神仔的傳說呢？我個人覺得，其實也不是它們要捉弄人類，的確是我們人類無意入侵它們的地盤了！我們現今居住的地方，古早前都是它們的居所，人類開墾森林後，它們來不及搬遷，或者搬得不夠遠，所以與我們生活空間有重疊之處。

魔神仔要怎麼辨識呢？依照我個人的經驗，魔神仔偏愛以「中年婦女」的樣子示人，通常是鬆弛的大餅臉並塗上厚厚的白粉胭脂，時常穿著大紅大花的衣裳，不管天氣好壞皆帶著一把雨傘以及大袋子，坐在路邊，基本上我相信它們是挺善良的。

魔神仔的法力不強，不過還是有一些幻術，當魔神仔盯上一些比較疲憊的人，或是沒有抵抗力的小孩，就有乘虛而入的機會。我家小朋友曾經遇過，他有一陣子悶悶不樂，我姊夫感到很奇怪，覺得孩子神色有異，所以姊夫把我找去幫忙看看。外甥當時大約十歲左右，他說：「常常晚上有聲音叫我出去，一直叫我從陽台（三樓）跳下去。」、「常常會假裝弟弟的聲音，一直叫我哥哥、要我出去。」大人問：「你確定不是自己精神不好的幻聽嗎？」我看孩子用既恐懼又無奈的神情說：「我確定它是假裝弟弟的聲音在跟我說話，因為當時我正在跟弟弟一起洗澡！」

看來「魔神仔」不是很聰明吧！後來我決定跟孩子一起等，等到晚上魔神仔過來找他，才知道原來是前一陣子放假時，小朋友跑到河邊堤岸公園放鞭炮，還故意丟到樹上，惹得魔神仔不高興。我替孩子好好道歉後，這件事情就平安落幕了。

不知道大家是否有遇到「魔神仔」的經驗，個人還是那句老話：它們有它們的生活、人類有人類的生活，咱們彼此好好過日子，井水不犯河水，這樣不就天下太平了！

Q5 路邊的紅包撿不撿？

有一次和學姊在騎樓看到地上有張紅紅的一百元紙鈔，學姊首先顧慮的是裡面有沒有鬼？我卻不停左顧右盼。學姊問我：「妳怎麼不先檢查看看（錢）裡面有沒有被放什麼？」我說：「我不怕裡面有鬼，但是很怕旁邊有未來的親戚拿著神主牌衝出來喊我媳婦！」

因為腦中立即浮現出「冥婚」這個習俗。冥婚有分志願與非志願，前者通常是男女一方或雙方因故死亡，所以舉辦兩造的婚禮或由一方迎娶神主牌，有些人覺得這樣的愛情很動人，我想，好處是至少婚後不會吵架吧？

還有一種志願性的多半是男方「不順」，民間相信娶位陰間的太太可以轉運發財，民間許多關於男方迎娶未嫁而亡的姑娘度過難關，後來娶活人妻子也無妨，只是要早晚供奉，也要約定每月幾天與活人太太分房睡之類的故事。

非志願性的大多是在路上撿到紅包，然後就會有人衝出來大喊：「姐夫」、「姨丈」或「好女婿」。這些就是為了家裡有未嫁而亡的姑娘，可能是家中雙親長輩擔心未來無人供俸香火，或者這位姑娘向家裡託夢，又或者有算命老師，告訴家裏不平安是因為姑娘想嫁，總之，就是與我們華人未嫁而亡姑娘魂的文化有關。

在華人文化當中相信「未嫁而亡的女性將成孤魂野鬼」，因為女子不能列入原本家裡的神主牌，會無法得到親人的香火供養，為了這個觀念，不知有多少女性必須忍受家庭暴力，只求不要離婚、死後能留在夫家神主牌，唉！

所以中國南方有種「自梳妹」的文化，有些立志終生不嫁的女性，會在觀世音菩薩面前舉行一個象徵性儀式：把自己的頭髮梳起來（所以叫自梳妹）。表明她們終生不嫁並住進公社，平常她們會去當幫傭，薪水要提撥一部分給公社，而公社有義務在她們往生後送終及死後祭拜。

雖然理智上或許知道，可是到處都有的姑娘廟還是顯示了我們對於未婚而嫁成孤魂野鬼的恐懼。諷刺的是，這些姑娘廟如今都變成法力最高強、最會開明牌的廟，請容我想想，為什麼沒有嫁的女生死後開的明牌，會比結婚女生死後開的明牌更準？

Q6 改運真的有用嗎？

這個題目是親愛的果毅法師特別要求我寫的。

人們說：「窮算命、富燒香」，跑去算命、參拜神壇廟宇、乃至風水、八卦、祭改等，無非就是想要擺脫眼前的困境，或者延續目前的順利。雖然台灣充斥著靈異故事，民間信仰的氛圍很重，可是大多止於「聽聽」的階段，其實大家都是聰明人，會對鬼神之說判斷力變差，信仰變成迷信，多半是因為當時身心狀況不好，不然就是認為鬼神不能質疑，一知半解比都不瞭解還麻煩，因為後者至少知道自己不清楚，所以不會去碰觸這些，而一知半解的人反而最容易變成道聽塗說、被恐懼牽著走。

那麼，我們去「改運」到底有沒有用呢？就心理的層面是肯定的，因為「當我們為自己做點事情，自然心底會產生力量」，就像有些人考試一定要穿某種顏色的衣服、使用某枝筆、上場打球前要做某個手勢，總之，人們面對壓力總有一套「自己的減壓法」，當自己覺得有信心時，自然會產生效果。只是我們台灣人錢多，總愛找自稱「會通的人」、「看得到的人」、「有修的人」去處理事情；在我來看，花點小錢就當成擴大內需，但落入迷信就萬分不好了！

其實「通靈」是很耗力氣的，所以以前我一晚頂多幫十幾個人通靈，可是往往一晚就超過人數，因此會開始裝神祕，反正台灣人和日本人最喜歡「限量」了。我另一個應付的方法就是搬一套差不多的說詞，弄點加持的符咒和大悲水就可以打發了。但我很討厭做這些事，所以當時非常不開心。

即使我表明不再通靈看病，絕大部分的病人和家屬還是會希望我去一趟。通常我會去家中或安寧病房坐坐，和病人說話也與家屬說話，當病人將要過世的前後，我握著他的手，並在耳邊唸唸經以及一些祝福的話，病人很安心、家屬也是。原來我應該做的不是裝神弄鬼，而是「撫慰人心」。方法有很多種，那些算命、符咒、風水、大悲水都是，上教堂、參加念佛共修或聚會也有類似的力量。終於我體會到「改運就是改心態」。人需要慰藉和依靠是「人之常情」，我也需要神明的教導與應許給我信心，我也需要父母家人愛我，也需要師長長官的肯定以及朋友的接納和關懷，因為我不想有壓力和挫折，能避即躲、能閃即逃，如果有人跟我說只要換了床位、喝了符水後平步青雲、解除痛苦，有何不可？其實每個人都很聰明，如果願意反省的話，都知道自己的問題出在哪裡，可是能否有那個「誠實面對的勇氣」？怪別人（鬼、卡陰、小人）總是比怪自己簡單、舒服多了。可是，要怪到什麼時候？用嘴巴說都知道「解決問題要找根源」，可是當面對自己就不這麼做了，「探索自己」不但無法一蹴可幾，甚至今日的結論並非明日的想法，如同十一點時想吃牛肉麵，中午踏出辦公室變成想吃火鍋，最後是買了麵包回來，當下的每一刻的自己都是「真實的」，因為人會變、一直變，所以我們必須一直探索自己、一直做功課。在這自我探索（反省）的過程中，自己就會改變了，這也是為什麼我喜歡寫日記，時常情緒就在書寫的過程中獲得抒發，而回頭過去檢視「當時的自己」也會搖搖頭：「當時怎麼這麼愛計較？怎麼這麼想不開？為什麼汲汲營利？」會突然發現：當時的困難並不是真的很困難！

有時候都會覺得自己很可笑，因為連自己的意念都控制不好，生氣的時候被情緒帶著走，那麼「我還是自己的主人嗎？」人們會想「改運」無非就是覺得自己運氣不好，而「運氣不好」是個人的感受，大家不都說危機就是轉機嗎？

想改運嗎？當然你可以選擇花大把鈔票去買符咒、神水、改門換床的方位，也可以把一半的錢請親友吃下午茶，最終與人的相處變好了，自然可以獲得正向的回饋。

所以想改運？先試著改改自己的心態，如何？

Q7 精神疾病與鬼附身有什麼差別？

從人類學的角度來看，人類由於知識的限制，為了求生存或謀得更好的生活而求助於巫術，包括有形的身體疾病與無形的精神疾病，隨著知識的發達，慢慢理解疾病產生的原因，也在廿世紀開始探討所謂的精神疾病，只是現在都已是廿一世紀了，許多人對於尋求解決精神疾病的辦法卻仍停留在「是不是被髒東西附身」的想法中。

「精神疾病」到底是什麼？比較常見的有大家耳熟能詳的憂鬱症、躁鬱症、精神分裂症等等，其中還伴隨不同的徵狀，如：幻聽、幻視、邊緣性人格、戲劇性人格等等，另外還細分出許多指標，例如：酗酒、莽撞開車、不耐煩、缺乏安全感、歇斯底里等情緒反應；重點是，這些都是隨著時代而改變的定義，過去沒有這種病名、現在卻有，在某個地方這是病、在其他地方卻不是，所以無法妄下定論。

在治療方面，多半有藥物治療、心理諮商和親友陪伴。一般而言，大家總覺得精神疾病就是心裡有病，所以當然要「專業諮商」啊！不過臨床的實證卻告訴我們：其實吃藥最有效（同時搭配心理諮商與親友陪伴更好）！其實人真的是複雜的生物，生理、心理交互影響，只是我們的智慧和科技無法精確區隔，許多精神疾病如果遵守醫生處方，真的可以獲得很好的控制。

我個人也很主張精神疾病應該尋求藥物治療，因為過去在神壇的經驗告訴我，許多人以為憂鬱症或精神分裂症是被鬼附身，因而投入大把鈔票，神壇往往一律歸咎於是「冤親債主」的錯。我曾看過才十歲的小妹妹，被神棍說該喝這個、該弄那個，孩子被那些儀式嚇壞了，最後我把孩子抱到神壇外面，對她家人說：「去馬偕住院吧！我看了，肯定沒鬼。」後來那孩子住院幾個月，透過醫療，病情獲得控制並重返校園了。

雖然精神病患是神壇道場重要的經濟收入之一，可是我不得不說，很多人真的只是生病了，跟鬼神無關啊！為什麼不找醫生呢？

其實我們每個人或多或少都有點精神症狀，差別只在於是否夠明顯而持續，像我每逢二月底就挺憂鬱的，後來透過信仰、運動、朋友和規律的生活來恢復正常，有些讀社工或心理系的人，也會在症狀比較嚴重時短期服藥，當然，每個人有不同的調適方式，如果持續一段時間都無效，還是求助醫生的專業治療比較好喔！

的確鬼附身可能會造成精神疾病，不過精神疾病不一定都是鬼造成的啊！既然精神疾病的成因很複雜，有病還是要去找醫生！難道感冒去找朋友聊聊天、給乩童祭改一下就會好嗎？鬼附身的狀況並不常發生，所以先去找醫師檢查病因，而不要一開始就認定是鬼附身，以免延誤病情比較好。

Q8 外國有沒有鬼？

很多人都會問我：「外國有沒有鬼啊？」依照我個人的經驗，答案是肯定的。至於長什麼樣子？差不多就是當地人的樣子嘍，若是魔神仔也是有魔神仔的樣子，金髮碧眼的也有。至於它們說什麼語言？我並不清楚，因為我以前習慣與它們的溝通方式是用「感應」，所以沒有語言障礙，以前我「營業」的範圍也是可以「過鹹水」的喔！溝通無國界雖是一項優點，但是我倒是希望它們能用當地語言跟我溝通。

最早有印象的國家當屬日本，小學畢業後，爹娘覺得我可以試試看當名小留學生，所以把我丟到日本東京的親戚家。當時我一句日文都不會，和當地人互動很挫折，還好有鬼可以陪我。在日本大部分時間我都自己四處閒晃，坐車到車站商圈、甚至自己去迪士尼樂園，有次在家裏跟鬼聊天，好像是我在客廳被鬼逗得哈哈笑，結果阿姨往我後腦狠狠巴下去，警告我不准一個人自言自語。現在對細節已沒多少印象了，僅依稀記得日本鬼都挺有禮貌的，比真人好相處多了。後來有次暑假去澳洲玩，那裡的鬼雖然是各式各樣，可是很不容易遇到，大概是地廣鬼稀吧？而且澳洲人真的很好相處，我到哪裡都交得到新朋友，所以多半時間都跟人在一起。

上大學後曾自己出國亂跑，因為我很討厭坐飛機，所以活動範圍都侷限在亞洲，除了日本之外，最喜歡去新加坡、泰國和柬埔寨，印象最深刻的是泰國某家按摩院：那時候陪姐姐去按摩，坐在旁邊等，閒來無事就跟旁邊三個女鬼聊天，這舉動不小心讓按摩院裡的服務生看到了。服務生們問我在做什麼？溝通嗎？跟誰？幾個？什麼樣子？我用英文一一回答之後，獲得院內大好評：「因為那就是她們按摩院裡養的鬼啦！」這下子換成是我被嚇到了，服務生們倒是覺得稀鬆平常，很有趣的經驗。

其他像港澳、馬來西亞、印尼、歐洲那幾國的經驗也差不多，大多只是稍微看到，沒有特別去注意，出國嘛，風景比鬼美麗嘍！倒是去德國的時候挺難適應的，頭幾天日子很難熬，當我忍不住想找鬼聊天時，竟然很難找到，突然感覺我的世界是不是都變了？好在後來還是有看到鬼，讓我安心不少。

還有個特別經驗是高中樂團去港澳演出的時候，香港的導遊在安頓我們房間時，大概看我們是高中生想嚇唬我們，說要跟我們比賽說鬼故事，我忘記比賽的細節，但最終是我把導遊給嚇跑了，可以算是另類的台灣之光嗎？

Q9 一般外宿飯店時，都要先敲房門才能進去、邊間的房間容易有不乾淨的東西，這些傳言是真的嗎？

還記得小時候與家人出外旅行時，膽小的媽媽總會衝第一名先「敲敲門」再進房間，還不忘機會教育一番：「以後妳自己出外住旅館，都要這樣敲敲門再進去，告訴裡面的好兄弟，我們只是借住叨擾幾晚，這樣才會平安，知道嗎？」這道理我是知道，但我一點都不在意有鬼同住耶，晚上能跟最在地的「地陪」聊天，不是很好嗎？

長大後出門住旅館的機會多了，到過不少國家，的確也遇到「地陪」陪睡，不過媽媽說的沒錯，我們只是暫住的，其實都相安無事。有一年大學暑假和姐姐去泰國旅遊，晚上姐姐與朋友到俱樂部跳舞聊天，我就選擇早早入睡，旅館房間很大、浴室也是，在寬敞的浴室裝上一整片鏡牆真不是個好主意，正要寬衣解帶時，竟發現有個紅衣女鬼出現鏡中，泰國人妖很美艷、連女鬼也是，只是穿成一身紅就倒扣很多分……

當然知道我打擾到她了，但於情於理洗澡就應該是一個人，於是我很有禮貌請她出去，有什麼事情，之後再來談，偏偏洗澡過後我昏昏欲睡，告訴她：「等我睡飽再說好不好？」她也很配合睡到另一張床上，我還說：「妳過來跟我睡，萬一我姐晚上被妳吵起來，我就不用睡了。」那晚，一覺到天明。可惜早上醒來就不見鬼影，算是我食言了？

不過請大家放心，以我住旅館的經驗大多沒遇到鬼，我想它們也不常出差或旅遊吧？天底下哪裡有這麼多鬼？也未必這麼巧會遇到，若會遇到，大概也是因為它本來就住在那裡，所以也被人們打擾到生活？或許它們最近的暢銷書是《趨吉避凶——怎樣減少人類來干擾生活的一百招》。但，就算被打擾，它們還是很少會來嚇人，所以下次我們進旅館房間前，應該多點感恩、不是恐懼。

鬼也是有些特性與習性，例如喜歡待在陰暗、潮濕的地方，特別是不會被人類打擾的地方，肯定是它們的精華地段，不可諱言，某些建築物總有些區塊特別符合這樣的條件，不過「住」旅館的鬼真的很少，若真要統計，我相信看見蟑螂的數量恐怕還比鬼多吧！所以真的別想太多，其實旅館邊間的空間比較大，老外都很喜歡住，搞不好是以前有旅館要糊弄台灣旅客讓出邊間房間給老外旅客住，所以才有這種以訛傳訛的說法。

如果外宿讓你心裡毛毛的，我建議可以攜帶一些粗鹽，不論帶在身邊或灑在角落都不錯，這個方法在自己家裡也適用。不過，最重要的還是自己的心情，老在疑神疑鬼遲早會撞鬼的。

Q10 遇到「發爐」怎麼辦？

首先要解釋一下什麼是「發爐」呢？一般宮廟神壇拜偶像、家中拜祖先，或者喪事靈堂都會有插香的「香爐」，香爐起火的現象就叫作「發爐」。發爐的原因顯而易見，就是「香插太多了」！先前燒完的香腳沒有清除，又插進新的燃香，也很有可能是一次插太多香了，總之，高溫的香灰掉落擁擠的香腳中，很容易就起火了。

這個原因很清楚簡單吧？但是為何每逢香爐起火，就搞得彷彿是房子起火般地著急？原來在民間信仰中，「發爐」不是個好徵兆，特別是家中祖先或靈堂，發爐代表一定有事情、而且是壞的事情要交代，所以大家才會那麼著急。

近年來，「發爐」又有一說是好預兆，特別是宮廟中有大人物去上香，發爐就會被說成大發。不過就傳統來看，老一輩的仍會覺得是「上面有事情要交代」，無怪乎擔憂之情所致，要不擲筊請示、或是要出動靈媒了。

基於大眾的恐懼，自然就是神棍發財之道，有些不肖神壇會在香上動手腳，塗上無法辨識的易燃物質，例如很便宜的瓦斯膏，當信徒一上香，自然很快就起火發爐，這時候神壇主會跟信徒說：「發爐大好大旺，跟抽到籤王一樣要貢獻一番。」或是恐嚇說神明指示將有大難，當然也要貢獻一筆錢來消災解厄。

我不喜歡被十萬火急找去通靈，只因為家中香爐沒清乾淨而發爐。雖然根據我的經驗，發爐之後也的確會有事情交代——「反正人的慾望無限，那些鬼也差不多。」既然人都來了就交代一些事情吧！至於那些靈異故事就不多說了。

有一件事情真的很難拒絕，就是幫人辦喪事，看看亡者還有沒有事情要交代？可是後來我覺得很奇怪，為什麼大家平常不陪陪老人家講話？總是死後才聽話；此外，老人家活的時候連通電話也嫌麻煩，那為什麼死後所說的話都是「智慧話語」？發爐的時候才戰戰兢兢？

言歸正傳，「發爐時怎麼辦？」答案是：「把香爐清乾淨就好啦！」當然，最好的辦法是不要燒香，一勞永逸。別忘了，香灰是鬼最愛的食物之一，最好人們都知道是「誰」在享用您家的大餐！

Q11 遇到鬼壓床時怎麼辦？

鬼壓床的原因眾說紛紜，有科學的解釋、也有靈學的觀點，可惜我沒有實地幫人處理鬼壓床的經驗，所以不知道實際上到底有沒有鬼會晚上壓著人睡？我除非很確定此人鬼上身，否則一般皆以平常心面對，許多壓力、生理疾病都會造成鬼壓床的感受，想越多只是讓自己往死胡同裡鑽，並沒有幫助。

若真的遇到鬼壓床的狀況，首先還是要考量生理因素，特別是心臟疾病發作的前兆常是胸悶；若要參考靈界的因素，最根本的解決之道還是在尋求自身信仰的庇佑最為有用，另外，在我還沒有信仰前，我最常使用髒話來嚇退鬼魂，雖然粗俗了點、不過還滿有用的。通常被鬼壓床的時候會無法動作、無法思考，所以連自己信仰什麼神都來不及呼救，此時我建議如同遇到火災、溺水的狀況，首先，要保持冷靜，冷靜之後才能放鬆，通常在放鬆後，這些狀況就會解除。如果這些都還是沒辦法，另一個猛藥就是「咬」。咬自己的舌頭邊邊或口腔內的嘴唇，可讓意志力快速甦醒和集中，通常就可以解除鬼壓床的現象。

Q12 民間對去醫院探病、參加喪事法會多有忌諱，該怎麼辦？

生老病死人之常情，本來不該有所忌諱，不過不可否認，醫院和喪事的氛圍、能量都讓人心裡不舒坦，會心生恐懼也是人之常情，但是只要想想自己恐懼的來由，再想想與病者、亡者的情誼，通常用溫暖的關愛之心就足以克服莫名的恐懼。

好吧！有時候去看病、拈香的對象感情比較疏遠，這時該怎麼辦呢？建議可以在口袋放七片綠色葉子，不是葉片大就有效喔，如果你拿著那種可以當雨傘的姑婆芋，只是讓全世界都知道你怕鬼而已，因此摘小小的葉子就可以了，探病和拈香之後、回到家之前，在路邊用葉子抹抹身體，然後把葉子扔到水溝，把一些晦氣去除即可。

Q13 通常在搬家時，要看時辰、拜土地公、地基主等諸多規矩，是否有其必要？另，真的有土地公等神明存在嗎？

古時候的人多半務農，生活凡事都與自然生態息息相關，於是天文學非常重要，古人為此發明農民曆方便大家看日擇時，卻沒想到搞得我們現在這些不播種施肥的人，也跟著要看農民曆擇吉時。

有許多規矩是農業時代流傳下來的，未必符合我們現在的生活型態，請記得農民曆是給農民用的。看看又高又密集的社區大樓，不知道地基主是否要帶地圖還有上下電梯的磁卡？這麼多地基主、不知道祂們有沒有成立社區管理委員會？搞不好還要繳公基金以因應退休所需和意外救助？

記得以前我媽媽在每年中元普渡時會拜地基主，又擔心有好兄弟吃了不走、賴在家裡，自從我們家成為穆斯林後才停止這項儀式，結果至今都很平安。

不過，土地上有住人，當然也會住「靈」，你住久、勢力大了變成里長，靈也可以順理成章當名土地公。不過大家各過各的生活，不互相干擾比較好，事實上，人類真的很難從祂們身上撈到好處。

至於靈媒跟這些神明通靈時，是否有見識過神明的樣子？世上會通靈的人很多，重點不在於那樣的能力，而是通到了什麼靈？遇到能力高的靈就會被當成神，有些靈也會有變化外表的本事，所以很多人曾夢過神尊，至於是否真的是「神」，那就要看個人的信仰怎麼去看待與解讀了。

Q14 鬼都長什麼樣子？都穿白衣嗎？真的沒有腳嗎？厲鬼真的都是穿紅衣向人復仇嗎？

以我看到的經驗，鬼多半像是人映在玻璃上的樣子，有粗略的形狀、色澤，但是缺乏立體感，也會有穿透感，我想鬼界的社會福利並不好，所以沒有發放制服，當然不會都穿著白衣，想穿紅衣嚇人也行。

它們行動起來，的確看起來像是用飄的，所以才會有「沒有腳」的傳言吧？我是沒有讓鬼抬腳給我看看，這樣很沒有禮貌，不過外表看起來是有腳的，所以有些頭七回家會出現腳印。

至於厲鬼穿紅衣服的說法，約莫出現在我國小左右，當時我閱「鬼」無數、年資已深，對於這個說法有些摸不著頭緒，後來才知道原來有部著名的香港鬼片《鬼新娘》，劇情提到女配角為了要以死相逼周潤發，因此穿紅衣上吊卻弄假成真，死後成為厲鬼來報復，從此之後穿紅衣的鬼就被污名化為厲鬼。其實它們大多不想報復，只想穿漂亮一點，鬼界又沒發制服，打扮也不犯法啊！

但可能因為那部電影的關係，許多含冤自殺的人也穿起紅衣、紅褲，常聽社會新聞的記者講：「死者穿著紅衣，或許有很大的冤屈與報復心態。」我就覺得奇怪，搞不好他死之前因為打麻將想穿件紅內褲討吉利啊？此事我與葬儀社前輩聊過，在更古早之前並沒有穿紅衣自殺為厲鬼的說法。所以大家看到紅衣鬼別怕，搞不好那個鬼很俗辣，知道人類有這個習俗，穿紅衣壯膽的啦！

但願鬼真的能向人復仇，因為這世上真有些喪盡天良的人！不過很遺憾，鬼的能力很有限，它們沒有形體、也沒太多能力，生活上有很多限制，遠遠低於人類所能做的，不然鬼早就統治世界了！雖說鬼不太有機會向人類報仇，不過惡人也別因此囂張，我相信報應會在死後應驗，即使是一粒砂的罪業也都逃不掉的。

Q15 靈媒都是怎麼跟靈溝通的？

每位靈媒通靈的方式都不一樣，甚至各有專長，有些擅長算命、有些則專長治病，這年頭競爭很激烈，行銷手法推陳出新，所以很多靈媒變得包山包海無所不能，不過我個人認為術業有專攻，靈媒也是一樣的。

靈媒與靈溝通的方式，和人類的溝通管道相類似，不外乎靠意念、視覺、聽覺、嗅覺、觸覺來感應，就我個人而言，最重要的是意念，專心無騖是與神鬼溝通的不二法門，因此也不會有語言障礙。有些靈媒的做法是把自己的身體借給靈使用，所以才會刀槍不入或說出不同聲調、語言的現象，不過這種方法很傷身，而意念溝通很傷神。

人鬼之間似乎有種頻道，甚至不同的鬼之間也有其溝通頻道，所以過去因為求診的信眾太多，我會找幾個好兄弟培養默契，由好兄弟幫我跟信徒身上的鬼或附近的靈溝通後，再向我轉達，這樣我不必太費力與不認識的鬼培養感情拐彎抹角地溝通，只是我與熟識的鬼兄弟頻道接近，也意味著身體一定不好。

作者後記

我們都學著走出自己生命的道路

過去的十五年發生很多事，來得太急太多，時常會回想：「是不是現在才發生，就能處理得更好？」而不是壓在只有十來歲的我身上？可惜過往已無法挽回，許多的假設堆積成情緒：生氣、憤怒、悲傷、後悔、無助、害怕與罪惡感，讓我如同溺水之人，拚命想抓個浮木，只求浮出水面吸口生存的空氣。於是我尋求許多方法，讓自己好過一些。

過去為了助人而當靈媒，為了當一名更好、更專業的助人者，我選擇就讀社會工作系，四年間所接受的教導，讓我在成為助人者前先幫助了自己，我將教授們教導的知識運用在自己身上，把自己當成案主，畢竟這些過往的經驗很難找到過來人為我開導，此後我開始書寫過去的經驗，把所有過去發生、現在發生的外在事件與內在心情統統化為文字。

一開始的文字同樣充滿情緒，憤怒和指責躍滿紙上，可當我第二次回想起同樣的事情，筆觸卻轉為憂傷，爾後發現原來同樣的事情，卻因為心境轉變可以有不同的解讀，所以我愛上書寫，書寫讓我找到心裡那塊平靜的樂土，書寫也成為我生活的一部分，書寫、時間和信仰讓我終於接納了自己的過去。非常感謝台北大學社會工作系的教授們，他們不是知識上的教書匠，而是我生命的導師，將我帶出生命中的泥沼，就算畢業將近十年，也仍受到教授們的照顧，台北大學社會工作系應是我頭七時也會回去看看的地方。

書寫也有意料之外的附加價值，有時見朋友發生困擾想求助靈媒，或者只是單純閒聊時談起，朋友總是很喜歡我的分享，可是同樣的問題被問多了也是會膩的，因此乾脆化為文字，請朋友先看完後再發問，甚至被詢問的問題頻率較高者也將回答一併寫出來，結集起來便成為本書的初稿，在朋友間流傳，但是公開發表又是後話了。

我很清楚此書一出勢必發生影響，畢竟當中有些觀點非國人一時能接受，公開神壇道場的經營與靈媒的心路歷程，也勢必會帶來許多攻擊，只是當我捫心自問，若死後　真主問我：「我讓妳在人間經歷這麼多事情，妳到底為他人做了什麼？」我想　真主安拉讓這些事情發生在我身上必有其安排，而與人分享若能有助益，就是我應該做的事情。

感謝朋友陳重光先生為我推薦三采文化，也感謝三采文化的厚愛，讓本書得以出版，自幼愛閱讀的我竟也能讓拙作放在書架上，真是奇妙的滋味！之前有與其他出版社接觸，無奈出版的目標大不相同，怪力亂神是我深惡痛絕豈可助紂為虐？因此最終能遇到三采文化真是幸運，由衷感謝三采文化，感謝他們對我的尊重與厚待，這些優待我不視為理所當然。

畢業後的工作也在師長照顧下而很順遂，除了大學教授之外，也很感謝聖嚴教育基金會施建昌董事長與黃楚琪先生，在他們照顧下讓我得以兼顧碩士學業與棒球裁判和翻譯的角色，那不像是工作，而是扶持一個年輕人開創生涯；棒球裁判之路一開始不算順遂，但也不乏貴人相助，洪夙明老師、鐘孟文、Mark Gooding、Jon Deeble、澳洲國家隊教練與球員以及紐約洋基隊教練們的指導與鼓勵，還有通德興業陳前芳董事長如同父親般的照顧與培養，我的好運似乎多到覺得奢侈，他們豐富我的生命，也因他們讓我相信靈媒不是不歸路。

人最難改變的莫過於心性，而空手道讓我獲益匪淺，這都得感謝遇到了好教練——黃智勇教練與簡碧玉師母，他們如嚴父慈母一般教導我與兩位寶貝外甥，學習空手道的歷程讓我學會控制情緒，學著與自己的身體在一起，所以我得到的不是腰間上的黑帶，而是心理變化的經歷，並面對自己的限制且試著勇敢去突破，這對我的棒球裁判與日常生活處處都有正面的影響，對於走出自己的生命，待我如家人的教練與師母是重要且親愛的貴人長輩。

當然，我非常感謝最親愛的家人，感謝我的父母從小的呵護與照顧，即使我與一般孩子有異，也以一般孩子的態度把我養大，讓我有自由的發展空間，而非只有靈媒這條路。曾經我很怨恨父母把我生成如此，我哭著指責他們把我生成這樣、又沒能保護我遠離神壇宮廟，他們說：「我們也不知道該怎麼辦啊？」當下我才明瞭，他們已經盡了最大的努力，沒有人理所當然知道該怎麼面對生命中發生的各項事物，我們都在學、學著走出自己生命的道路。

一切的讚頌全歸　造物主，因為這一切都是　造物主的安排與造化，所以生命中的一切好歹，都感謝　造物主的賜予，而　造物主也給每個人不同的經歷，每個人的生命都是獨一無二的，生命沒有比較、只有尊重，或許時隔數年我的心境又有不同變化，但此時此刻是以誠懇的心意，與讀者們分享個人的經驗與心得，此書的出版正值我三十而立之年，在學著自立站起來之年留下本書為記，願自己更有力量往未來的日子邁進，也願眾人都能獲得自己的平安，阿敏。

索非亞

二〇〇九年八月十七日

《鬼怪不想讓你知道的50個祕密》

適讀年齡：附注音，低年級適合親子共讀，中高年級可自行閱讀。

作者／索非亞　　繪者／鹿比

為什麼關於鬼怪的事情，大人都不說，

我還不知道，世界上有沒有鬼怪？

如果有鬼怪，他會嚇我嗎？會害我嗎？

如果有壞妖怪，我該怎麼做，才可以保護自己呢？

廁所最容易藏鬼怪，你知道該怎麼趕走他嗎？

如果遇到鬼怪，就罵他們髒話，這樣對嗎？

有人在玩碟仙，我也可以玩嗎？

●國家圖書館出版品預行編目資料

靈界的譯者/ 索非亞 著
一初版. -- 臺北市 : 三采文化, 2009.09
240 面 ;　14.8 x 21公分. -- (FOCUS ; 10)

ISBN 978-986-229-159-7(平裝)

1.索非亞　2.台灣傳記　3.通靈術

296.1　98014544

suncolor 三采出版集團

FOCUS 10

靈界的譯者

從學生靈媒到棒球女主審的通靈之路

作者　索非亞
責任編輯　高章敏
文字校對　渣渣
封面設計　謝佳穎
內頁設計　謝佳穎　張淑玲

發行人　張輝明
總編輯　曾雅青
發行所　三采文化股份有限公司
地址　台北市內湖區瑞光路513巷33號8樓
傳訊　TEL:8797-1234　FAX:8797-1688
網址　www.suncolor.com.tw
郵政劃撥　帳號：14319060
戶名：三采文化股份有限公司
本版發行　2017年5月10日
定價　NT$280

suncolor

suncolor